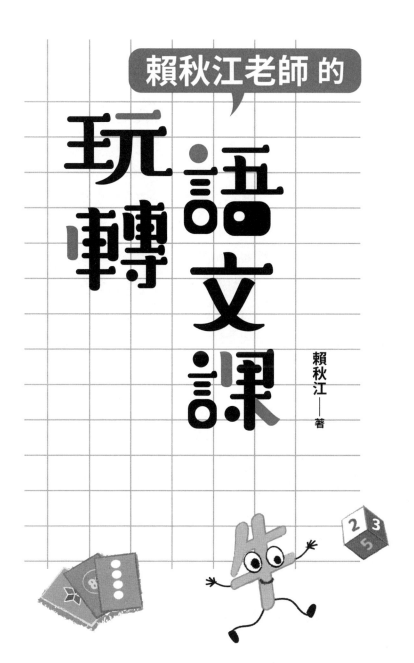

賴秋江老師 的

玩轉語文課

賴秋江——著

感受動語文的魅力
體驗動成語的樂趣

　　依稀還記得幾年前在「翻轉教育」網站分享〈從頭玩到腳〉以及〈看三國學成語〉的主題成語文章，收到許多迴響，原來學成語可以這麼好玩，一位久未謀面的學姐還私訊我：「你怎麼那麼厲害，成語竟然可以想到這樣從頭玩到腳，好有趣呀！」沒錯，我期待的教學現場就是要讓學習變好玩，讓成語更貼近生活，所以除了善用主題式教學帶著學生玩成語外，更化身成桌遊「動成語」，讓孩子透過遊戲輔助，掌握跨域能力。

　　不可否認的，成語是語文界中的大明星之一，許多大人更是讓孩子從小接觸成語，只是數量龐大，總無法亂槍打鳥似學習，但如果能梳理成各式主題成語，就能在龐大雜亂的成語世界，有規律及意義的學習。無論是孩子學成語的同時，因著主題性，順勢跨域到各領域，或是依著各領域的主題來搜尋，都會讓學成語變得有趣且豐富。這在國小階段的教學中尤其重要，畢竟，知識不再是單一，而是全面整合，成語也不該只是出現在語文教學中。

學習成語，不只在國語課本裡

　　在書中我用「看三國學成語」這個概念，帶孩子了解歷史的同時，

順勢學習跟著故事主角出場的成語，有了故事性的成語，瞬間充滿畫面感，意義指數爆表。「從頭玩到腳」則是自然課中了解自我身體時，也一併聯想器官相對應的成語玩法，動手設計後，才驚覺到身體裡裡外外的器官部位藏著這麼多成語，更別說現在超級熱門的情緒議題，每天上演的喜怒哀樂更是成語滿天飛，果真人生是精采，孩子怎能不了解呢。

　　另一方面，經常令孩子傷透腦筋的數學，尤其大魔王「十十乘法」與「因數倍數」，也利用「動成語」，讓孩子透過遊戲，練習拆解乘積及因數分解，玩的同時，同步學習到國語和數學，「國數」瞬間合體，學習一併到位。除此之外，書中還介紹了各種在生活中學習成語的情境，例如一起觀看精采度破表的各類運動賽事，看著主播現場直播的血脈賁張，欣賞選手熱血沸騰的奮力一搏，或是現場觀眾搖旗吶喊的賣力加油，各種搭配緊張刺激畫面的成語瞬間湧出，一場賽事看下來，幾十個成語也跟著輕鬆入袋得分。

成語變成遊戲，無痛跨域學習

　　為了讓大小朋友可以從遊戲自然接觸成語，同步跨域學習，書中也

詳細介紹了「動成語」遊戲的兩大類主題玩法，分別是讓孩子一起練國數的跨域數學【心底有數】，以及帶孩子了解自我身體及界線的跨域自然【大顯身手】，搭配精心設計的「動成語牌卡遊戲組」，讓孩子將課堂上學習到的知識，透過遊戲實踐與練習。

在【心底有數】這個數學主題中，收集了含有 1 到 10、百、千、萬、億、兆及零等，各種數字成語 64 個，並且在牌面上特別設計，將關鍵數字挖空，例如「○步成詩」或「學富○車」，讓孩子利用數學課學習到的十十乘法、位數或是因數分解等知識，有如偵探般，在遊戲中解開成語中的數字密碼，同步將數字主題成語一把抓。

除了 64 張數字成語牌外，另外還有 1 到 100 的數字卡。在看似簡單的數字卡中偷偷藏著經典數學知識──奇數與偶數的分辨，就是要讓孩子在玩牌解密的過程中，透過顏色與記號，不知不覺熟悉分類。

而在【大顯身手】的身體主題中，則將身體分成三大部分，分別是頭部、四肢與軀幹，每個部分都各區分出八個器官或部位，而包含這些器官的相關成語，一共收集了 96 個，例如「○有成竹」或是「○纏萬貫」，利用相同的設計概念，讓孩子先透過器官卡，認識身體外在器官與部位的名稱，再進階將這些器官統統配對到正確的成語內，完成人體成語拼圖。

為了讓玩家都能感受動成語的樂趣，這兩款動成語主題遊戲共有 14 種趣味玩法，讓老師帶著學生，或是家長陪著孩子，甚至孩子自己與同伴，無論教學或自學都能「動動成語跨域學習」，體驗遊戲與學習並行下所帶來超乎想像的樂趣與效益。

除了兩類成語主題遊戲，100 張數字卡則賦予「動成語牌卡遊戲組」最大外掛功能，結合了國小低、中、高年段的數學教學，舉出 10 個可

運用的單元，就是要讓數字卡在課堂上變身成最神奇的數學教具，讓老師教學更得心應手，學生學來也易如反掌。當然，這些法寶統統可以無縫接軌到家庭中，只要跟著書中說明與步驟，家長也能輕鬆陪著孩子玩牌卡學數學。

提升學習力，先掌握五力

當然，這本書不只有成語和桌遊，主要集結了我自己二十幾年來教學精華所淬鍊而成的各種實用密技，PART1 的「玩出關鍵學習力」，包含了「**必備五力**」，也就是**創意識字、閱讀理解、寫作邏輯、筆記拆解術**及**生活應用**共五種語文能力。每個單元都透過真實的教學案例與學生作品舉例說明，看著低、中、高年段的孩子，用創意力快速提升識字量、活用理解力輕鬆搞定閱讀、善用邏輯力順勢造出通順句子、利用拆解的方法完成自己的學習筆記，最後再透過應用力將知識變現於日常生活中，孩子的學習五力全展開，關鍵能力立刻掌握。

回首這一路軌跡，看著孩子學習的樂趣與成就，更多的是自己的感動和堅持，當初從公衛領域瞬間跳到教育現場，現在看來或許是個不錯的決定呀！

最後期盼，右手掌握關鍵學習力，左手運用桌遊跨越力，透過這套書籍與桌遊，每個孩子都能自信快樂舉起屬於他自己的未來超能力！

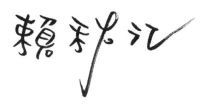

每讀一次，就像逛一遍IKEA 總會有新的靈感與領悟

—— 厭世國文老師　*厭世國文老師*

聽好了，你讀這篇序時要有點心理準備，因為我將要告訴你一件不可思議的事情：《賴秋江老師的玩轉語文課》是宜家家居（IKEA）。

書怎麼會是一間販賣北歐想像與風格的家具商場？

或許你覺得十分荒謬，但你必須相信這點，耐心等我述說與解釋。

「宜家家居」曾經被大家開玩笑的稱作「迷宮」，廣闊的商場與豐富的擺設，從你踏進去大門開始，注定在這個繽紛的空間裡迷失方向。有趣的是，地上其實有著巨大的白色箭頭，指引你走向真正的出口，在終點買一支十元的霜淇淋作為獎勵自己的方式，只不過你必須花上不少時間。據說，這種迷宮般的設計，其實是另外一種展示商品目錄的方式，讓顧客能夠停留、觀看、思考，以及想像眼前的椅子、窗簾、床墊，或是其他的餐具燈飾，放在我的家中到底有多適合。

在教與學之間，創造更多空間

這本書的第一部分「關鍵學習力」，便有如宜家家居的賣場，以同樣方式進行清楚的展示，陳列了創意識字、閱讀理解、寫作邏輯，以及學習筆記，引導你進入教與學的空間裡，培養未來需要的各種能力。

相信我，你絕對不會在書裡迷路，裡面的指引非常明確。

除了提供激發學習動機的技巧外，還有延伸練習及完整的例子作為參考。就像宜家家居的動線設計一樣，幫助你擁有更具體完整的想像，在腦袋中創建理想的教學方法，並且規劃學習可能的路徑。

你在宜家家居裡待愈久，會忍不住買愈多；而你閱讀《賴秋江老師的玩轉語文課》愈多次，則將產生更多的創意與聯想。

第一次你沿著指示走，之後你當然想要自己走。

「作業是死的，創意是活的。」作者在書中提及過這句話，我覺得這裡想說的不僅是作業，其實更是直指教學的核心。讀《賴秋江老師的玩轉語文課》的樂趣之一，就是不管你怎麼閱讀它，知識與資訊的內涵都有機會擴增補充，只要稍微放入生活的觀察，結合個人教學的目標，那些原本既有的基礎框架，還會再長出不同的枝椏。即使是高中的國文教學，也需要碰觸不同學習階段的學習內容。

另一方面，《賴秋江老師的玩轉語文課》還搭配了牌卡遊戲。

2021 年，宜家家居曾經推出數位版本的牌卡，希望能以輕鬆和緩的方式展開家庭中的對話，而「動成語牌卡遊戲組」想要展開的是：教

學者與學習者之間的對話。

搭配牌卡這件事，非常的「宜家家居」。看看它們那些需要組裝的書櫃和餐桌，藉由自己動手做的過程，組裝出獨一無二的成品。可能哪個螺絲沒扭緊，或是錘子敲得用力了一些，在某幾個角落你仔細看會注意到凹陷與破損，但這就是你自己的東西──世界上僅有一件。

說起來有點矛盾，一樣的木板和螺絲，其他相同規格的產品，或許還有成千上萬件，怎麼可以說「世界上僅有一件」？因為你組裝的書櫃或桌椅，上面按壓著你的指紋，你的指紋沒有另外一個仿製品的存在，而缺陷也無法被再現。

牌卡的特色同樣是能自由的組裝。相同的牌卡，會因為不同的時間順序與參與者而出現變化，但每一次你的加入，都顯得自己是特別的、有價值的，並且從不同的玩法獲得更豐富的樂趣。多樣的遊戲規則，提供了多元的學習管道，「動成語牌卡遊戲組」上的國字、圖片、數字，以及英文單字，皆是進入知識領域的標記，一邊學習成語，一邊認識數學與英文等科目。學習很枯燥。正因為如此，我們試著翻轉學習，看看另一面會不會比較有趣。這套書＋牌卡的【語文動起來套組】，是一種愉快的媒介──激發動機、培養能力。

來玩玩看吧，跟著成語一起活過來

接下來，我將帶各位離開宜家家居，進入比較古老久遠的時空，忘掉那些現代的木板、鐵片、螺絲，以及霜淇淋。

《賴秋江老師的玩轉語文課》還有第二部分「跨域學習 So Easy」，係從生活中學習與應用成語。

人們學習成語，有些為了考試，有些不是；有些會把成語當成生活

的一部分，有些不是。無論如何，成語都不應該用死記活吞的方式，硬塞進腦袋裡面，勉強的吐出僵硬的對話與文字。

現今，我們習慣把記憶暫存網路，真正想要記住那些三字、四字或多字的漢字組合，已經不是件簡單的事情，無法像女詞人李清照一樣，玩起腦力鍛鍊的遊戲，她如此述說：

「余性偶強記，每飯罷，坐歸來堂，烹茶，指堆積書史，言某事在某書某卷第幾頁第幾行，以中否角勝負，為飲茶先後。」

李清照根本 GOOGLE 大神上身，能夠從浩瀚書海中搜尋某項事件，並且精準鎖定出自於哪一本書的頁碼與行數，而她還能將此作為遊戲，以輸贏來決定喝茶的順序──聰明且風雅。

用現在的眼光來看，李清照應該很無聊，怎麼閒到把書的內容全部記住。我們可能連自己手機號碼記不得，更別提什麼知識性的資訊了。

這段故事總是讓我在意，李清照宣稱「強記」，當然沒有半點謙虛的成分，但她為何要以遊戲證明自己的記憶力極強？除了進行含有生活情趣意味的賭博之外，似乎也可能是透過遊戲的過程，再次使用曾經記住的東西。

在此，遊戲是複習。

不用的東西必定遺失，無論在生活，或在腦袋裡。因此《賴秋江老師的玩轉語文課》第二部分，以有趣活潑的方式，讓學生有機會收集、分類，以及統整成語，作為使用成語的一個面向。

在這本書裡，遊戲成為了學習的一種可能性，從「文轉圖」到「身體心智圖」，皆是希望以愉快的體驗，邀請學生進入成語的世界裡，使那些被視為陳舊的知識更具吸引力，同時賦予新的生命力。

成語再一次活了過來，教室裡的學生也是一樣。

11 大亮點，
帶你進入語文的動世界

嚴選主題成語

掃我進入
教育部成語典

1.「動成語」牌卡遊戲組裡的所有成語，均以「教育部成語典」為依據，就是要確保其準確度，而在一堆成語中又以「正文成語」為主要收納條件，畢竟這可是常見常用成語喔！想了解哪個成語的意思，請立即掃一下 QR CODE 傳送門。

2. 挑選成語時，為了讓大小朋友認識不同類型的成語，盡量收集了器官或數字分別出現在成語四字中的不同位置，也讓成語呈現不同的趣味性，例如：「鼻」青臉腫、一「鼻」子灰、仰人「鼻」息、嗤之以「鼻」，這也能帶給玩家思考不同的變形玩法。

3. 身體成語中又分成三大部分，從中點出全身上下 24 個器官或部位，你會發現沒有踝、腿、腕等，絕對不是漏掉，而是刻意忽略，因為含有這些部位的成語真的少到湊不滿四個啊！至於出現足又來個腳，就是因為這些成語太多太經典，不出現實在太對不起它們了。

牌卡貼心設計

1. **成語牌**上的國字部分採用美感與正確性兼具的「芫荽字體」，讓玩家玩成語時，也能學到正確國字，不誤認也不寫錯字。

2. **器官卡**設計圖文並茂，小小玩家也能透過讀圖，了解身體器官與部位的正確名稱，這副牌卡也可以是健康或生物課教師的活化教學良伴。

3. **數字卡**用深淺底色區分奇偶數，數字外畫圈代表質數，讓玩家可以一卡多用，甚至直接當成數學教具典藏。另外，左上角還藏了小巧思，標上與卡面相同數字，讓玩家能快速辨認手中掌握了哪些牌卡。

4. 器官卡與數字卡都**同步附上對應的英文單字**，讓玩家玩遊戲時也能熟悉相對應單字，是英語教師進行議題教學的好幫手。

玩家自由選角

1. **老師——教學班級經營兩相宜**：無論是練國數還是跨領域，都能將各式牌卡彈性運用在各科教學上，甚至班經上也請務必多多利用，絕對是你教學與班經的神隊友。

2. **家長——陪玩自用兩相宜**：現在小孩需要的是大人的陪伴，要玩接龍沒問題，數字成語拿出來就對了，不但可以接龍還順便學成語！如果你有小小孩，千萬要拿出數字卡，陪他從 1 數到 100，你會發現數個十次都不嫌多喔！至於小孩不在時，幾個好友互玩，包準能帶來出乎意料的「笑果」。

3. **小孩——自學交友兩相宜**：動成語中共有 160 個成語，24 張器官卡，先一張一張試著說出正確成語和讀音，看看答對率是多少，接著拿出字典或請大人協助掃出正確成語，認識它、熟悉它、讀懂它，然後掌握它，最後約你的同學好友開始玩遊戲吧！記住，所有的遊戲規則只是參考，你絕對可以改變遊戲，玩出自己的無限想像。

4. **以上皆非——玩樂消遣兩相宜**：很好，表示牌卡在手，隨你彈性使用，愛玩什麼就玩什麼，隨心所欲，實現「一卡在手樂趣無窮」！

目錄 ··

PART ❶ 玩轉語文，玩出關鍵學習力

1‧ 創意識字力

2‧ 閱讀理解力

3‧ 寫作邏輯力

4‧ 學習筆記拆解術

5‧ 生活應用力

PART ❷ 玩轉成語，跨域學習 So Easy

PART ❸ 動成語闖關任務

PART ❶

玩轉語文，
玩出
關鍵學習力

愈來愈重視跨域整合的當下，

素養與學習力成為教室裡的關鍵字。

跟著賴秋江老師的教學密技，

從識字、閱讀，到生活應用，

激發孩子的學習動機，

培養學習路上的 5 大關鍵學習力。

chapter 1 創意識字力

　　識字是文明生活的基礎，更是進入知識殿堂的門票。中文字世界雖然龐大，但只要巧妙善用方法，就能拆文解字，將它們一一收服入袋。例如看山、畫山，最後寫成山的象形字，直接從字的形狀就能輕鬆推敲；也有些是加了一撇一豎或一橫，就能變成了另一種字的指事；更多的是就像玩拼圖一樣，將字拆解再排列組合，變出新的字，而這種拆解拼圖再組合的字，就是我們六書中常見的會意與形聲，其中的形聲更是占了絕大多數而制霸文字世界。

　　老師在生字教學時，常常需要說文解字，把字像拼圖一樣，一塊一塊解開，再一塊一塊拼回去，讓孩子知道一個字到底是由哪幾塊拼圖拼成，同時也在拆字過程中了解字的結構、讀音與意義。

　　在這段學習過程中，有些字長得很像，學生常常搞混，像是「喝和渴」、「部和陪」、「辛和幸」等；有些字更常讓學生「多一撇而成千古恨」、像是「午和牛」、「師和帥」、「大和犬」等都是錯字排行榜前幾名。這時候光靠死背很難徹底打擊錯別字，就需要透過一些特別的方法去理解並記憶，例如接下來要介紹的部件、字謎學習法，透過遊戲帶學生一起玩生字、認生字、學生字，讓學習過程變得有趣又富想像，讓孩子的識字歷程事半功倍。

1-1 「喝和渴」傻傻分不清
「字」圓其說學形近字

🔧 密技示範

同部首的一起教

　　中文字裡許多字都是相同的部首，可以歸屬於同一類的字，非常適合讓孩子將部首當成識字的線索，找找看哪些字可以歸在同一類中，進而大量學習相關生字。例如「湖、江、河、池」都是有關水的字，所以它們都有「氵」（水）這個部首；「菜、葉、花、草」都是關於植物類，因此都加了部首「艸」（草）字。想要掌握部首識字法，可以鼓勵學生平常就有意識的把看到的字分類，一同學習記憶，像這樣系統化的學習，除了能提升識字力，在辨識部首與分類的過程中，更能體會中國字的造字是多麼的奧妙。

推 拉 提 捏

「推、拉、提、捏」等都需要用到手來完成動作，所以是手部。

臉 膀 腸 肚

「臉、膀、腸、肚」都是身體器官，所以是肉部。

同部件的一起學

　　這就是「渴、喝」傻傻分不清的類型了！這類字通常是拆字後再排列組合的形近字，有相同的部件，一旦換了部首就變了個字，所以務必善用部首意義來區分這些同部件的兄弟姊妹，也可以適當的編寫口訣來協助記憶。

　　口渴了需要水，想喝水就用口。

　　炸東西要用火，詐騙要用言語說話。

　　這類字有非常多組，其他常見的如「推、堆、淮」、「懷、壞」等，都可以讓學生從部首來一場說文解字的創意故事大賽。

文字編劇家

　　有些字不容易拆解，這時就可以靠一個個小故事來幫助記憶並「字」圓其說了！要把一個字變成一句話，就要先拆解文字。當然直接先拿課本的生字當範例，讓學生把字拆成許多塊部首及部件，接著全班一起發想，把拆出來的字用情境故事串起來，而且要結合原本的生字，串成有意義又好記的句子。但需特別注意，句子不要過長，也不要加上一堆形容詞或感受，簡短通順即可。

　　燙　媽媽在煮湯，被火「燙」到了。

　　趣　一個人走來走去又聽到有「趣」的事情。

「文字編劇家」主要希望透過編故事來學習難字，過程中除了學字，同時還能增強造句能力，豐富想像力。有些學生可能為了串起全部的字，導致句意不順或語意不清，也有可能在編寫情境上遇到困難，老師要適時引導孩子修正，但也不需要過於強求，畢竟編故事只是過程，我們的核心目標還是識字。

多加一點點

　　有些國字很妙，多加一點一撇，或多一個部件就又成了另一個新字。所以當識字量累積到一定程度，就可以來點「多加一點點」，無限延伸聯想，孩子會不斷在腦中搜尋、添加、連結，達到強化記憶，主動認識新字的效果！

住 → 佳 → 維 → 羅 → 蘿

「住」，加一橫變成了「佳」再來加個「糸」成了「維」。頭頂再來個「罒」又成了「羅」，如果頭上再長出「艸」，那不就成了「蘿蔔」了嗎？

住 → 佳 → 隻 → 雙

同樣以「住」開頭，如果我們選擇另一條路，就會得到完全不一樣的字。

　　孩子掌握這種多一點點增生法後，未來看到字，就會自動聯想延伸，一直加一點下去變新字，更能從中清楚了解「字的些微差異」，進而避免「帥哥」成了「師哥」、「享受」成了「亨受」了。

字的向左走向右走

某次上課講到了「羽」字，我隨口問孩子：「這個字可以加上什麼拼圖變成另一個字呢？」剛好班上有位姓「翁」的孩子立刻回答：「上面加個公就成了翁。」接著另一位孩子說：「那羽下面加上白，就是常常在寫國習的習呀！」還有一個孩子也說：「白下面再加上水變成了泉。」於是全班就這樣原本只要學一個字，卻意外聯想出七個字「**公羽翁白習水泉**」。

除了這樣上下連接玩，左右當然也不能錯過！常令人搞錯的「陪」和「部」就是向左走向右走的最佳範例。果然，在全班腦力激盪下，我們又走出了「**豬都陪部險劍**」六個字。

豕者阝部阝劍刂　　　　公羽白水

向左走向右走　　　　　向上走向下走

凡走過必留下痕跡，下次孩子就會用這種方法走出更多字來。

⊙ 學生作品欣賞

同部件	說文解字好方法
姿滋	女孩跳舞**姿**勢漂亮，下雨了會**滋**養大地。
眼跟	用**眼**睛 (目) 看，用腳 (足) **跟**著走。
晴情	有太陽就會是**晴**天，用心表達**情**緒。
青清	**青**蛙沒變，用水潑，所以很**清**涼。
晴清	天放**晴**了，太陽出來了，可以看到**清**澈的水在流動。
熱勢	太陽是火球所以很**熱**，妹妹用力跳舞的姿**勢**很美。
破坡	打**破**窗戶的石頭，泥土堆積的小山**坡**。
坡波	山**坡**要做好水土保持，如海水一**波**一**波**而來。
坡被	山**坡**需要土，**被**子要用布 (衣)。
睛晴	眼**睛**有二個，**太陽**只有一個。
坡披	山**坡**有土，披風要用手**披**上。
說脫	**說**話要用嘴巴說出 (言)，衣服穿在身上 (肉) 才能**脫**下來。
象像	大**象**不是人所以沒有人，弟弟跟我 (都是人) 長得很**像**。
拉啦	**拉**東西要用到手，**啦**啦隊要用口喊口號。
挨唉	**挨**打要用手擋住，被**挨**打會痛，用口**唉**唉叫。
品區	作**品**一張張，社**區**需要圍起來才安全。
睜淨	**睜**開了眼睛，水汪汪純**淨**的萌樣惹人愛。
柱住	用水**柱**沖洗，家是人在**住**的。
恬甜	心裡很**恬**靜，想吃**甜**食嘴巴很甘**甜**。
燈證	古代**燈**需要用到火，借書看書 (言) 需要借書**證**。

> 超符合事實吧！

國字	文字編劇家
趣	有一個人「走」來走去「又」「聽到」(耳)有趣的故事。
燙	媽媽在煮湯，媽媽的手被火燙到了。
破	一顆大石頭害我跌倒，我的腳就破皮了。
破	有一顆石頭掉進皮包裡，結果皮包破了。
法	今天我和媽媽帶了好多瓶水要去法國。
法	我今天去玩水，剛好碰到一位魔法師在施行魔法。
法	有一個人要喝水但沒水了，所以去裝水，但不知道怎麼裝，所以正在想辦法。
撈	漁夫辛勞的用手撈起大魚。
跌	在走平衡木時，我突然失去平衡跌了下來。
翁	有一位老公公養一隻羽毛很漂亮的白頭翁。
王	有三個工程師幫國王蓋了一座紀念碑。
嚇	有二個赤腳國王他們很愛說話，有一天一個國王說了一個故事嚇死了另一個國王。
禁	有一片樹林裡立了一個禁止停車標示。
禁	有一片森林裡面有許多危險動物，所以立了一張禁止進入的牌子。
斑	有二個國王騎在斑馬上看文章。
借	有一個人為了買奶昔去借錢。
忘	有一個人死(亡)了，他的家人很傷心忘不了他。
忘	心臟停了，人就亡了，什麼也忘了。
姿	小女孩再次到公園練習跳舞，姿勢很美。
便	有一個人三更半夜去便利商店。

☻ 延伸練習

同部件	說文解字好方法

國字	文字編劇家

★ 編字家：

★ 創意度：　　　　　　　　　　　　破表啦！

再加一點點							
舉例	日	白	自	首	道	導	
1							
2							
3							
4							
5							

字的向左走向右走	字的向上走向下走
豕者阝咅阝劍	公羽白水

★編字家：

★創意度：　　　　　　　　破表啦！

1-2 創意字謎超有戲
舉一反三的識字絕招

　　字謎有很多種設計方式，依不同年段老師可以教學生不同層級的創作方式，建議直接結合課程，先從課文中挑選生字當例子來創作字謎，並從簡單的字謎開始，學生通常一看就能了解，再讓學生猜猜看並上臺寫出生字謎底。

　　等學生初步掌握創作字謎的技巧後，可以從課本中的生字邀請全班共同創作字謎，並一一上臺發表，讓全班一起來猜。

　　從這樣的發表過程中，老師就能了解學生的學習狀況，靈活的調整教學。經過幾次教學，多數學生對字謎設計就有基本概念了，接著就可以放手讓學生自己嘗試設計。

　　在我二十幾年的教學過程中，學生所設計出來的字謎形式多元，創意滿滿，千萬記得收集起來，當作下一屆教學範例，當出現令人眼睛為之一亮的創作時，更需要在課堂上立即分享並讚美一番。

　　在多年的教學中，經過收集與分類後，大致將字謎教學區分成七大類，整理成非常實用的心法和訣竅，透過學生作品示範，由易到難，由樸實到搞笑，由直述到繞幾個彎的創意都有，甚至還出現圖文並茂的作品。學生們如此主動投入創作與解謎，就只是為了猜個「字」呀！

🔑 密技示範

基礎級：直接拆字法　　　　　　　　　　　　　　難易度 ★

　　最簡單的字謎創作就是將生字拆解成左右、上下或者內外兩塊拼圖，接著變成 ○+○ 的句子，而通常拆解出來的拼圖都能個別成為獨立字，就成了最簡單的字謎了。一年級剛開始可能都會是這類入門款型，在拆字過程同時也學習字的結構。當熟練後，就可以進到「字謎創作」了。

> **左右拆解**　　水 + 可 ＝ 河

> **內外拆解**　　囗 + 員 ＝ 圓

> **上下拆解**　　或 + 心 ＝ 惑

基礎＋想像級：圖像拆字法　　　　　　　　　　　難易度 ★★

　　將國字本身部分圖像化來設計字謎，但需要加上一點點想像，所以有可能設計者跟猜謎者的想像方向不同時，答案就會出現落差，只要將範圍局限在課文的生字造字謎，通常就能避免這種問題。

田上長出一根草 ＝ 由、苗

田中間一筆畫凸出去就成了「由」，但如果不以圖像式思考來猜，就容易猜成「苗」。

一牛二尾 ＝ 失、先

下面二筆畫以圖像來思考，就像是牛的尾巴。

中級：造句藏字法　　　　　　　　　　　　　　　難易度 ★★★

　　這是將謎底的字先拆解成幾塊拼圖後，再將它們編成一句完整的語句，就像我們從小念到大的「王先生白小姐二人坐在石頭上」，這個「碧」的字謎就是最經典的例子。如此一來，學生不但更了解字的結構，利用拆解後的部件拼圖來造一句完整且有意義的句子，也能達到學習寫出完整句子的效果。

我在寺廟用手拜拜 = 持

取字謎中的「手」和「寺」，組合起來就成了謎底「持」。

用刀把牛角切下來 = 解

把「刀」「牛」「角」三個部件組合在一起，就成了「解」。

高級：腦筋急轉彎　　　　　　　　　　　　　　　難易度 ★★★★

　　先將國字拆解成拼圖後，再來個換句話說，改變說法，最後變身成一句完整的句子，與前面介紹過的造句藏字法不同，這裡需要腦筋轉個彎，了解換句話說後的意義，才能猜出正確的謎底字。

白天聽音樂 = 暗

要先把白天換句話說變身成「日」，才成出現「暗」。

皇帝的衣服 = 襲

需先知道古代只有皇帝能穿「龍」衣的歷史知識。

彎到最高級：腦筋轉好幾個彎　　　　難易度 ★★★★☆

　　這類型的字謎除了拆字成一句完整的句子外，不但要先轉個彎了解其意義，腦筋還要再轉第二個以上的彎才能猜出謎底字。

樹下不能生孩子 = 核

通常我們都說在樹下乘涼，指的是靠著樹，而非真的在樹下面，而「不能生小孩」就是把「孩」的「子」拿掉了剩下「亥」。

這位女生不用手掃地 = 婦

「不用手」就是把掃的「手」拿掉了，再結合「女」就成了「婦」。

新詩創作級：順口溜拆字法　　　　難易度 ★★★★★

　　還記得小時候琅琅上口的「一點一橫長，一撇到南洋，十字對十字，太陽對月亮」這順口溜吧？講了這麼多就只是為了個「廟」字，這都是狂拆字的結果，拆到只剩點、撇、橫、豎了！接著再一一組裝成一個字。

　　通常這類型創作不多，一個班出現一到兩位就很不錯啦！因為除了要有豐富想像力外，句子還要多句組合成順口溜，還不一定通順，的確有難度，但還是可以期待的，老師也能協助修飾。

白面書生臉皮薄，不耐風吹雨折磨。
一身輕鬆無負擔，能書能畫能詩歌。 = 紙

用擬人的方式描述紙的特性。

十隻鳥，又來十隻，因為都來吃豆子。＝鼓

先把字拆成了「十、十、又、豆」四塊拼圖，再串成句子。

圖文創作法　　　　　　　　　　　　難易度 ★★★★

　　這一類型的創作，就是除了句子外還會主動附上圖畫來呈現（是怕老師看不懂文嗎？），也意外讓整個字謎成了圖文創作形式，十分生動活潑。

木頭生的小孩＝李

有間房子旁邊有一條河，
房子裡面住著小狗。　＝淚

☺ 延伸練習

上面介紹的七大類字謎，除了平日在課堂中運用，當遇到特殊節日與活動，也可以加上主題，讓學生自主練習，例如元宵節在傳統上就是一個與字謎相關的節日，而且有幾次好運到元宵節還要上課，這時老師就可把字謎化身成元宵燈謎，來個一魚二吃法，既上國語課也玩翻元宵節。

為了避免學生的字謎多重複，建議老師以月考或單元來區分範圍，將學生分組，每一組平均分配 1 到 2 課，學生的選擇也會更多。

課堂實作

每個學生發一張八開圖畫紙，對折成四等分，然後正面寫上「字謎謎題」，背面寫上「生字謎底」，字體力求大小適中與工整清楚，為了避免顏色穿透，正面字謎可以用深色來書寫也能較清楚，背面謎底則用鉛筆或淺色筆書寫即可。

學生交回來的字謎，老師一定要先行看過，從句子的完整度、正確性、合理性著手篩選，原則上除非完全不通順或不合理，否則學生的創作都有他的可解釋性，也都可以被接受。

在元宵節前找一堂課的時間，將學生的字謎都放在黑板上，可以依座號或自由舉手來猜，但要先說明遊戲規則、例如：不能猜自己或同組的字謎、每組輪流上臺猜等，盡量讓每一個學生都有機會上臺一試。而猜出謎底的學生還要寫出正確的字才算答對，如此一來，學生在猜燈謎的過程中也在學習語文。

猜燈謎以有趣好玩為主，所以老師也可以針對程度較低的學生給予

提示，讓每個學生都能猜對得分，最後全班還可以投票選出設計較有創意的燈謎，而老師也可以針對不同的字謎設計再教學一次，讓學生可以參考模仿。

如果班上有 FB 親子團，老師可以將這些字謎翻拍或是打出來上傳，讓家長可以一起來邊學習邊同樂喔！家長看到是自己孩子設計的字謎不但開心也能同樂，也達到教學與班級經營之效。

作業是死的，但創意是活的，既然作業無法全部刪除不寫，那就試著把作業活化，老師加一點創意，給一些舞臺，學生就會回饋一堆神來之筆與看不完的驚豔！不僅師生腦力都在運轉，連帶著作業都活了起來，這不就是新課綱要帶來學生的素養導向教學嗎？不僅學生「自發」、師生「互動」還能親師生「共好」。

◎ 學生作品欣賞

記得從自己讀小學就有查生字，一直到自己當老師，這樣作業似乎還是二十年走來始終不變，畢竟是要結合「查字典教學」，既然不能丟掉換掉，那加點變化總可以吧！

所以我的查字典作業，除了查成語或較難的語詞外，不再寫死板板的一堆生字，而是讓學生從該課生字中找出兩個生字來創造字謎。這樣一來，學生可以從字謎設計中了解字的結構與造句練習，二來也能強化對字的記憶度。

而給了學生舞臺後，許多意想不到的創意就紛紛出籠了，因為學生會覺得是出字謎讓老師猜，所以變出了一堆把戲（根本是考倒老師啊！），有的是把答案蓋住，也有的是把答案寫顛倒的、貼一張紙的、

塗黑要擦掉的，還有額外附工具讓老師照燈變出答案的，更有額外加贈的「尋寶遊戲」（又來考老師眼力），真是無奇不有。

所以當老師的你，改起成堆的作業還會覺得枯燥無味嗎？取而代之的是笑聲不斷外加絞盡腦汁一下，最終受惠的是師生啊！

基礎＋想像級：圖像拆字法

這個國家沒有圍牆 = 或

「國」去掉「口」就如圖像式的四周圍圍牆，因此成了「或」。

一件衣服破了二個洞 = 喪

直接把「口」圖像化了，當成二個破洞。

九宮格的其中一條歪了 = 井

井字左邊是一撇當成歪了。

在屋頂上寫作文，在屋子內生小孩 = 產

把「厂」圖像化當成屋頂。

一棟三層樓的透天厝 = 目

一目了然的圖像式思考。

丘先生留著一個八字鬍 = 兵

兵的下面兩撇就像男生的兩撇鬍子。

用手拔了毛巾上的一條線 = 托

用「手」把「毛」巾的一條線拔掉就是其中一橫不見了。

皇上戴頂大帽子 = 凰

皇字外圍就像一頂大帽子，把皇上都遮住了。

水桶的水裝一半 = 甘

外型像古代水桶，裡面一橫表示水裝一半。

中級：造句藏字法

犬中之王 = 狂

取「犬」、「王」化身成了「狂」。

樹下有男孩 = 李

也能說「木瓜裡有子」。

命令上天今天要下雨 = 零

直接取「令」跟「雨」來組合成一個句子。

下雨真令人討厭 = 零

「零」的另一種出題法，也十分有創意。

吃完麥片要用面紙擦擦嘴 = 麵

合乎衛生禮儀。

侍衛身上總是帶把弓箭 = 躬

古裝片看太多了，但是是合乎邏輯的。

二斤貝殼 = 質

把二斤直接變成兩個「斤」。

皇帝的左腳 = 蹄

特別強調左腳，所以「足」擺在字的左邊。

多喝水會長壽喔 = 濤

也能是「做壽司要用到水」，應該是壽司吃多了吧！

軍人的臉上狂冒汗，就像水龍頭 = 渾

因為冒汗，所以是「水」，很多有水部的字都可以這樣發想。

勇士溺水了 = 湧

同樣是水，可以用溺水、喝水、冒汗、潑到水、游泳等動詞來造句。

國家盛產金礦 = 鏟

也可以是「這個國家的特產跟金子一樣貴」，同樣是「金＋產」，句子就能千變萬化。

媽媽帶著手機去散步 = 撒

結合了現在人的生活經驗。

老樹被奉為神 = 棒

貼近臺灣生活習俗。

高級：腦筋急轉彎

土堆竟然移到左邊去了 = 境

這雖然可以直接從句子中找到字，但巧妙地結合了方位，變成了有趣搞笑的字謎了。

裝湯 = 盪

「皿」就是用來裝湯的器具。

聽這首歌要非常用心 = 憶

這首歌就是「音」樂，非常用心表示要「兩顆心」。

狗兒在家裡有水喝 = 淚

狗就是「犬」，家就是「戶」。

泥土上種了千根草 = 垂

把整個字巧妙的拆成了「千」「艹」「土」三塊拼圖組合在一起。

草兒每天很用力的生長 = 暮

每天就是「日」，用力所以是很「大力」

不用出力 = 勉

不用就是「免」。

彎到最高級：腦筋轉好幾個彎

小兵喝酒不喝水 = 醉

小兵就是「卒」，喝酒不喝水，就是把酒旁的「水」拿走啦！

農夫在蕃茄園拔雜草 = 播

農夫用「手」拔掉「蕃」茄上的雜草。

關在監獄的偉人不見了 = 圍

關在監獄就是圖像式的「口」部，偉人不見了，所以「人」就沒了。

車不輕，草才輕 = 莖

車不輕所以車不見了，換輕的「草」上來。

半真半假 = 值

取「真」的上半「直」，取「假」的左半「人」，結合了值。

周瑜的玉被人拿走了＝偷

瑜被拿走了玉，剩下俞，被人拿走所以加上人，就成了偷。

新詩創作級：順口溜拆字法

車子開進水溝裡，拿股票者沒肉了，以上都能用手做＝擊

左上部車子開進水溝是圖像式思考，股沒肉就剩下「殳」。

木上長根毛，心上有工人，雪地沒有雨，喝采不需木＝穩

木上長根毛成了「禾」。

兩個二，四個十，想吃它，加一點，想喝它，不加點＝井

想吃它加一點就成了日式「丼」飯，不加點就是井，可以喝水。

車山變一塊，打疫苗病好啦！手把他們抬起來＝擊

打上疫苗病就好了，表示病的「疒」不見了，所以剩下「殳」。

睡覺不張眼，捶背不用手，錘子不是金做的＝垂

奇妙的運用到字的兄弟姊妹「睡捶錘」來串成另類童詩。

杯子被弓箭射穿，口被十字架穿過，

句中嘴被米取代了＝鞠

chapter 2　閱讀理解力

　　國語是目前素養教學下的顯學課，卻也是許多學生覺得無聊、無趣又無力的課，相信各位老師都有自己一套駕輕就熟的教學策略來面對這樣的困境。但在開學初進入國語課時，或許能提醒自己放慢腳步，不用急著進入第一課課文，甚至直接來個文本分析或查字典、圈語詞、背解釋等，這樣真的會嚇壞學生，也逼緊自己，還有可能一舉把學生推向無聊的深淵呀！

　　在進入課文之前，先試著把目光停在目錄頁中，再善用一些技巧，例如透過「看目錄猜故事」的遊戲，引導學生從課本目錄開始閱讀，猜一猜課文可能在講什麼，用哪個寫作手法來呈現，接著再進入課文文本分析，鼓勵學生想像自己是電影影評者，把課文當成電影劇本，把國語課變成電影影評大會，透過彼此分享影評，枯燥生硬的課文分析會立刻變成豐富有哏的電影解析。

　　在這個過程中，老師只需要在一旁引導、提問、再追問與歸納，盡量把學習的空間留給學生，讓他們能獨自找線索、推論與賞析，進而鍛鍊自己獨特的思考力，你會發現，平常沉默的課堂變成了熱烈的影評大會，課堂也就「學生笑了，老師的心就穩了，國語也就非難事。」

2-1 看目錄猜故事
標題預測法

💠 密技示範

【引發動機】最愛課文大調查

　　發下新課本時,我都會請學生先打開目錄頁且只能停留在目錄,其他都不能翻開,沒錯,只能看目錄。這是為了引發學生的好奇因子,也就是激起他們的學習動機。接著請他們瀏覽十四課的課名,並從中選出「最想閱讀」的三課,不管是被課名所吸引,抑或純粹直覺感受都可以,選好後在目錄中先用簡易圖案或文字標注,例如打個星星、畫個愛心,不然就直接用數字標注前三名均可,讓學生學會善用簡易符號來記錄。

　　然後投票活動開始,先在電子白板上寫上數字 1 到 14,老師開始調查:「喜歡第一課的請舉手!」一路問到第十四課。遇到沒人舉手或是超受歡迎的課名,我就會停下來問問學生原因,這時臺下通常會七嘴八舌,請體諒他們兩個月沒來上課發表了,就讓學生好好說個夠吧!最後統計出學生「最想閱讀」的三課,讓它們留在螢幕上,其他就讓它暫時消失吧。

　　這時還可以加入一個延伸活動,就是把「書名命名的重要性」帶出場,請學生比較受歡迎與不受歡迎的課名有什麼差別,引導他們體會好課名就像好書名一樣吸睛,讓人有種想看想購買的慾望或衝動。

【推論訊息】隱藏線索大搜查

在看似放任學生七嘴八舌的自由票選及發表的背後，有一個很重要的原因，就是為了這個階段埋下伏筆。從聽聽學生各種理由的過程中，你會發現這些理由，很可能就是他們從課名中找到的各式線索。所以我會從第一課開始提問每一課的文體與內容，讓學生從舊經驗舊知識中去推論每一課內容或故事內容可能是什麼，並請學生發表他的理由原因與支持線索，甚至可以與上學期課程連結；如果是舊班，還可以就共同的學習經驗，加碼推論各課文體。

如果老師判斷請學生猜文體有困難，可以先給部分線索，例如記敘文、說明文、議論文或是新體詩各幾課，這時你就會看到學生左思右想，想著上學期的課程內容加上眼前的課名來回推論大戰幾回合，寫了又擦，擦了又寫。賣了這麼久的關子，當答案公布時，猜對的學生就像得獎一樣興奮啊！

【閱讀文本】看看幾篇大受歡迎的故事

光看完目錄猜故事應該就過去一到兩堂課了，等到可以翻開課本讀內容時，就可以把「預習」偷偷置入行銷，讓學生回家「只能看」最受歡迎的三篇故事，頂多再外加一篇自己最愛的遺珠，一定要再三強調只能看 3+1 篇。

你一定會說：「怎麼可能只看三篇？」沒錯，少部分學生真的會只看那幾篇，但多數學生回到家肯定全本翻過一次，因為隔天大家都自動承認啦！而這不就是老師想要的結局嗎？整本課本直接又主動閱讀過一遍了，就像看課外書一樣。

【擷取訊息】說出故事大綱與精采內容

閱讀完後的課堂可以盡量鼓勵學生口說產出，請學生根據最受歡迎的三課篇故事內容，精簡說出故事大綱，要是還能說出精采對話與橋段那就更厲害了。

如果是已有默契的舊班，可以說的項目就更多了，主配角、人設、場景、情節等，還有三層次提問都能一一帶出場，不過這些都要看前面與學生的互動來決定，隨時調整教學策略。

要是學生們意猶未盡，其餘課文也可以比照辦理，概略模式帶過，讓學生可以在一開學好好的說個夠，老師也能仔細聽得暢快啊！而這一切的聽與說，都在為日後的教學埋下更多伏筆與奠定基礎，時間可是完全一點都不浪費。

【成效檢核】來場有獎徵答

學生分享完後就換老師登場了，可以針對學生分享的內容來設定有獎徵答的題目，也就是針對他們沒有提到或是較少討論的地方補充與檢核，看看學生是否確實讀懂故事理解內容，同時這也作為往後上課時該強化某方面內容的依據。

2-2 影評人的角色扮演
讀劇式閱讀理解策略

　　不知大家有沒這樣的電視經驗，偶爾看到電影頻道，會出現明星現身說法自己在新電影中的角色，而且明明是自己演的角色，卻是用「第三人稱」的方式來分析電影中他自己所演的角色，包含個性、情節、與其他主角的精采對戲等。

　　就這樣，讓我有了一個突發奇想：如果把它套用在國語課課文分析上，會不會讓國語變得有趣好玩？因此，隔天的國語課，立刻就來「玩玩看」，我把四年級學生變身成電影影評者；把國語課變成了電影影評大會。沒想到還真變好玩了，從此每節的國語課都變成了討論十分熱烈的影評大會。

　　剛開始的時候，學生還不是很懂該如何「影評課文」，幾次的引導之後，變成學生爭相舉手要影評劇本中的主角與劇情，國語課也變得更有趣了。

🔍 密技示範

【概覽文本】先讀劇本

　　讓學生先讀完「電影劇本」（就是課文），這時老師就能換句話說「把課文讀一遍」巧妙改成：「大家開始把這部電影的劇本先看過，看看這部電影到底在演什麼？」

如果班上有預習的功課，也可以說：「今天回家先把第 N 課劇本看過讀過，明天我們要來影評賞析這部電影了！」一聽到看劇本，當然比看課文好多了！低年級可以改成「看這一則故事」，也可以搭配簡單的預習單，讓學生做基本的影評評寫。

【文本大意】電影精采大綱

讀完劇本，就是讓學生自由發揮說說這部電影內容的時間了，也就是「劇情介紹」的意思。「誰可以跟我們說說這部電影在演什麼？」老師可以用這個問題來引導學生說出我們常講的「課文大意」；而低年級就可以問學生這個故事內容在說什麼。

【文本類型】電影類型

等孩子全部讀完劇本後，開始問題引導，讓孩子開始當影評家。首先當然是「你覺得這部電影是哪一種型態的電影？」讓學生來判斷劇本類型，是喜劇片？文藝片？還是勵志片？國小階段應該不會出現恐怖片才對喔！

學生可能有不同的說法與分類，這時老師可以讓孩子根據劇本中的線索或結局，來說明為何認為是這種類型的電影，接著把「文體分類」的概念帶入。也可以將耳熟能詳的電影當作例子來套用，像是碰到「擬人寫法」，就可以引用經典暢銷電影《腦筋急轉彎》當例子，電影將主角腦中的五種情感擬人化展開，相信不用你多解釋，學生立刻秒懂理解。

【主配角設定】尋找男女主角

不論劇本還是課文，主角都是靈魂，可以讓孩子自由發表「本部電影的男女主角是誰？」、「還有哪些角色出現？」學生有可能給出不同的解讀，就像真實電影世界中，每個人的看法不同，常常演配角的人最後變成了主角一樣。

所以要讓學生分析認定主角的原因，並從劇本中找出證據。或許最後會出現兩位主角都並列男主角或女主角的結局，那也是有可能的！畢竟現實生活中每部電影的影評也常出現極大落差，不是嗎？

這樣的尋找主配角的過程，能讓學生可以知道一個故事架構需要各種角色互搭才能成行，也就是紅花綠葉都很重要啦！最後再把金馬獎搬出來，更能讓學生體會除了男女主角外，男女配角也是競爭激烈的大獎啊。

【線索推論】個性分析

找出男女主角後，開始進入精采分析了！讓學生開始分析男女主角的個性，並讓學生自己從劇本中找出「證據」，如果學生認為主角個性是「好奇」，那麼就從劇本中找出描寫「好奇因子」的證據句子，或許不只一句，老師這時可以邀請全班一起找出所有的句子，而這時學生們已經悄悄進入「文本分析」了。

除了主角外，如果還有時間或是文本分析需要，也可以繼續分析劇本中出現的每位配角。而高年級甚至可以適度帶入「十二星座」分析法，讓學生分析這個主角的星座，這樣會讓課堂氣氛變得更活躍，但星座分析畢竟不是重點，適時分析即可，否則就變成了星座分析課了。

【文本分析】情節走向

個性影響命運，主角個性某種程度上會決定情節走向與結局。所以分析完主角的個性後，當然就由電影情節或片段安排來說明佐證了。

老師可以讓學生從主角的個性來推敲或是印證劇本的走向，這就是「文本架構分析」，故事如何鋪陳、如何設計情節、角色如何互動等，這就是更深入更精采分析。

當然這時又可以繼續把《腦筋急轉彎》帶出場來討論，樂樂（Joy）、憂憂（Sadness）、怒怒（Anger）、厭厭（Disgust）和驚驚（Fear）這五個角色跟女主角適應新環境的過程和心理變化，五個情緒間的你消我長都左右了情節走向，也決定了主角的命運。

最後再來分析主角個性與情節的因果關係，或是劇本如此鋪陳的原因，讓學生理解到，主角個性與角色之間互動，終將影響劇情走向。

【賞析分享】最吸睛的橋段

常常我們看完電影都會有令自己印象最深，或是最有哏的一段。所以讓學生想像自己是影評者，發表自己最喜歡的橋段或情節，並讓他們用影評者的角度來說明原因，甚至可以請孩子來演出或口述這橋段，更有身歷其境的感覺。

透過這樣的角色扮演分享方式，你會發現，這不就是我們以往常常在課堂上讓學生發表的「哪一段令你印象最深？」、「你最喜歡哪一段？」嗎？

【架構分析】主角變「性」

因為電影情節、主角與結局是環環相扣的,所以一旦改變其中一項因素,其他也會隨之改變。

分享完最愛情節後,別忘了最後問問學生:「如果主角個性變成○○○,那麼最後故事結局又會如何?」讓學生發揮想像力,推敲出新的結局。

曾經有學生神回我一句:「那就沒看頭了!」當時我心想:「沒錯!我就是想等這一句!」那時我趕緊接話,再度將「文本架構」概念帶入,讓學生理解劇本鋪陳的原因,怎樣寫才能吸睛、才能高潮迭起,其實就是要「有哏才有精采之處」。

【歸納總結】拉回電影本身

當學生做了主角、個性、劇情等影評後,老師要記得做個總影評者,將每位影評者的影評做歸納總結,把討論拉回劇本主軸,再次強調電影情節、主角與結局是環環相扣的重要性,甚至延伸帶入「寫作」的架構與起承轉合要領。像這樣的討論,能讓學生理解劇本或故事都是編劇或作家經過「精密且精心設計」的精品!所以金馬獎才設有最佳編劇與最佳原著或改編獎喔。

【延伸教學】同場加映

許多電影都是先有小說再拍成電影,如果還有時間,記得鼓勵學生發揮想像力,問問他們:「如果這個劇本(課文)拍成電影,一開始的畫面會怎麼呈現?」有次有個學生說:「這一課課文好短,電影劇本哪有這麼短的?」我當時神回他:「這一部是微電影,只有半小時

的也可以是電影啊！」沒錯，只要結構完整，不管是課文、故事還是劇本，加一點想像力，將文字轉成畫面，鐵定讓學生印象更深刻，就像古人常說的「畫中有詩，詩中有畫」。

影評式的課文分析就是讓學生多說多發表，發揮自己的創造力與想像力，表達自己獨特的思考模式，老師只擔任引導、發問與歸納的角色。這樣一來，相信你的每一堂國語課都會是場場精采的「影評大會」，而不用多久，學生個個都變身專業級的影評者了。

當然了，並不是每一課都很適合採用影評法來教學，不過多數都還是可以套用的，若遇上無法套用的情況，我相信每位老師都有自己一套「撇步」來讓你的國語課更為精采有趣。

☺ 延伸練習

可以請學生將下面這些重點列在便條紙上，貼在課本旁，讓學生能隨時有文可循，「評論」起來更得心應手。

每則故事（劇本）閱讀完後（部分文本不適用）
1. 找出主角☆、配角○、認定之線索 1、2、3……
2. 找出主角個性與認定線索 a、b、c……
3. 尋找故事背景、劇情走向、最精采的情節、故事結局。
4. 從故事中提出四個問題（四層次各一）。
5. 找出易錯或難懂的字、詞、句子或段落。
6 畫出部件心智圖（中心部件字詞）。

影評人紀錄表

影評者：	
主角	請寫下你認為誰是故事中的男主角與女主角，並從故事中舉例說明，你為何會這樣判斷。 男主角：＿＿＿＿＿＿＿＿ 理由： 女主角：＿＿＿＿＿＿＿＿ 理由：
配角	請列出你覺得是故事配角的角色。
主角 個性	請分析主角的個性，並從故事中舉例。

精采橋段	你覺得故事中哪一段最好看，最吸引你？為什麼呢？
電影類型	你覺得這部「電影」屬於哪一種類型？

請試著畫畫看這部電影某個精采畫面。

chapter 3
寫作邏輯力

　　說到寫作，就得先提句型。句型在國語課本中的每一課幾乎都會現身，也常是習作或考試中的「大明星」，因為句型可是我們平時說話邏輯性的基本元素，了解各種句型並學會運用在生活對話，一句話該怎麼說、又如何說，可以讓意思前後通順，對方了解不誤會，甚至精準表達內心想法與感受，算是一種必備能力。

　　課本中的句型大致上有這幾種：並列、選擇、遞進、因果、轉折、順承等句型，這些都能讓我們說話更順暢有邏輯。但是如果只給孩子幾個連接字詞就要讓他去造一個完整通順又有邏輯的句子，例如只寫「雖然……但是……」、「因為……所以……」、「如果……就……」、「有的……有的……」，不少孩子其實無法精準掌握句型，讓句子變得不通順或出現矛盾現象，說出來的話就會缺乏邏輯性！

　　上面提到的這些句型經常隱身在課文中，隨著課文內容現身，說實在，如果沒有先透過文本來認識這些句型，並真正了解句型意義，要孩子憑空造出一個通順完整又不矛盾的句子還真有難度，也為難孩子了。除了搭配課文，老師還可以透過「圖文互轉思考」的概念來套用在各種句型上，幫助學生更輕鬆學習並理解句子的意思，如此就能提升句子寫作的通順性，並且降低語句表達的矛盾性，讓不管是說話或是寫作都更有邏輯力！

3-1

造句一點都不難
各類句型輕鬆學

密技示範

並列句

　　並列句就是把句中關鍵字互換，句子原本的意思不會有任何改變，也就是哪個前哪個後都可以。

　　冰箱有很多水果，有大顆的草莓，也有香甜的哈密瓜，我都很愛。
　　冰箱有很多水果，有香甜的哈密瓜，也有大顆的草莓，我都很愛。

　　草莓跟哈密瓜在句中互換位置，但句子的意思沒改變，代表這就是並列句。

　　在課堂上，老師可以把關鍵字做成一組組的字卡，讓學生上臺填入句型中，試著交換關鍵字的位置，再讓學生一起判斷句意是否有改變。例如「冰箱、果汁、牛奶」一組三個關鍵字，要填入句型「有……也有……」當中：

　　我家的冰箱裡，有果汁也有牛奶，都是媽媽買來給全家喝的。○
　　我家的冰箱裡，有牛奶也有果汁，都是媽媽買來給全家喝的。○
　　我家的牛奶裡，有冰箱也有果汁，都是媽媽買來給全家喝的。✗

當換了位置卻不改其句子意思時，就可以稱為「並列句」；當換了位置卻改其句子意思時，就不是「並列句」。

等學生理解並列句的意思後，就可以開放讓學生自由「出牌」了，將各種關鍵字寫在卡牌上，「籃子、香蕉、蘋果」、「地球、陸地、海洋」、「餐桌、碗、盤子」等等，一下子整個黑板都貼滿孩子們出的牌。

接著讓學生依照他出的三張牌來套進句型，並加入形容詞或四何法，讓句子更完整，例如將「地球、陸地、海洋」套進句型「有……也有……」，再加個形容詞就快速變成了：

美麗的地球，有寧靜的陸地，也有清澈的海洋，我們必須好好珍惜。

如果將其中「陸地」與「海洋」互換位置，句子的意思並沒改變，就是並列句了。

美麗的地球，有清澈的海洋，也有寧靜的陸地，我們必須好好珍惜。○

透過「三張牌」的解說，學生一下子就能理解並列句的意思，而且還能立刻正確造出通順又有邏輯性的句子。

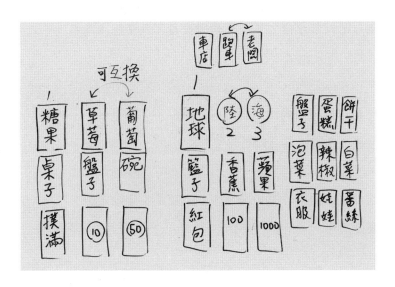

選擇句

選擇句就是在幾個選項中選擇一個，有些是問句，有些是直述句，選擇也不一定都是想要的，也有可能是二者皆不好而選擇其中一種較好的。

例如把「精製品、粗糙品」套進「寧願……不要……」的句型中，加點形容詞就成了：

我寧願花多一點錢買昂貴的精製品，也不要買便宜的粗糙品。

遞進句

在遞進句上則是有層次性的關係，從小範圍到大範圍，從基本到進階、由簡單到複雜、基本到額外，或是便宜到昂貴，而且前後次序不可互換。有這樣基本概念，較不會前後顛倒，例如把「臺灣、亞洲、全世界」套進「不但是……還是……更是……」的句型中，就成了：

這棟建築物很雄偉，不但是臺灣最高，還是亞洲最高，更是全世界最高，令人讚嘆不已！

當然也可以只有兩層，套用在「不但……而且……」的句型上，例如「全班、全校」套上去就成了：

他跑步的速度不但是全班最快，而且還是全校最快，所以每次都是最後一棒！

這裡如果把「全班、全校」調換位置，那麼這句子就沒意義了，因為既然是全校第一名，當然就是全班第一名了，所以是有層次性的，學生就更容易理解。

因果句

從句子中去歸納出因果句，這句型的重點在於讓學生從句子中去找出「因」與「果」，接著再讓學生了解可以是前面的原因而導致後面的結果；也可以是因為後面結果而去推論出前面發生原因。

例如，將「下大雨、看書」，套進句型「因為……所以……」或是「既然……就……」，這兩個關鍵字之間的因果關係就變得簡單易懂了。

因為現在外面下大雨（因），所以只好在家裡看書（果）。
既然外面下大雨（因），我們就在家裡看書吧（果）！

當然也可以來換句話說（就是倒裝啦！但可以視年段再跟學生說得深入些）：

我們只能在家裡看書（果），因為現在外面下大雨（因）。
我們就在家裡看書吧（果），因為外面正在下大雨（因）。

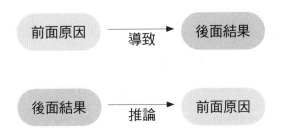

在課堂中也很適合用字卡來讓學生理解因果句。先開放學生「自由出牌」，「肥胖、吃太多」、「沒讀書、考很差」、「助人、人緣好」、「被稱讚、心情好」等等，學生們通常都會很踴躍，而且想出來的兩張關鍵字牌都能很適切的結合學生的生活經驗。

接著請學生依照他出的兩張牌來套進句型，並加入四何（人事時地）或形容詞，讓句子更完整，例如套句型「因為……所以……」：

先因再果：
因為他平時都會幫助同學，所以人緣很好，大家都很喜歡他。
他因為都沒讀書，所以這次的評量考得很差，只能怪自己。
先果再因：
今天弟弟回到家心情顯得非常好，因為他被老師稱讚。
他現在這麼肥胖，就是因為他平常吃太多又不運動的關係。

像這樣透過「兩張牌」的解說，學生一下子就能理解因果句的意思，通常是好的原因造成好的結果，而差的結果通常是因為差的原因。

透過練習，建立因果概念後，未來學生自己正確造出通順又合邏輯性的句子就輕鬆多了。

轉折句

轉折句就是原本多數人期待或認為的結果，卻出乎意料之外變成另一種結果，當結果是出乎意料之外的答案，這就是「轉折句型」。也就是說，有點像一齣戲出乎觀眾意料之外的結局，它跟因果句很相似，可以一起比較，因為就差在「結果」的不同。當然，句子中再加點提味的「形容詞」或是「四何法」，一句通順完整的句子就輕鬆出現了。老師在教學時可以先用問句提問，例如讓學生去接結果：

老師問：「今天要考國語，他都沒有複習……」

學生答：「結果就考得很差，回家被爸媽罵！」（因果句的接法）

學生答：「竟然考了一百分！」（結果改變了，而且出乎意料，就是轉折句）

第一種回答屬於因果句，是因為沒讀書導致被罵的結果，而第二種回答，因為是出乎意料之外的答案，這時老師可以把握機會，帶出「轉折句型」，學生就更容易理解「轉折」的意思，也就是有點像一齣戲「出乎意料之外」的結局。

☺ 延伸練習

並列句				
示範	冰箱	果汁	牛奶	★有……也有…… 例句： 我家的冰箱裡，有果汁也有牛奶，都是媽媽買來給全家喝的。
換我 造句				
換我 造句				
示範	牛奶	原味	巧克力	★有的……有的…… 例句： 我家冰箱裡的牛奶，有的是原味，有的是巧克力味。
換我 造句				
換我 造句				

			選擇句
示範	果汁	牛奶	★寧願……不要…… 例句： 我寧願喝快過期的牛奶，也不要喝有色素的果汁。
換我造句			
換我造句			
示範	果汁	牛奶	★是……還是…… 例句： 早餐的飲料，你是要喝果汁還是牛奶？
換我造句			
換我造句			

遞進句			
示範	全班	全校	★不但……而且…… 例句： 他跑步的速度不但是全班最快，而且還是全校最快，所以每次都是最後一棒！
換我造句			
換我造句			

示範	臺灣	亞洲	世界	★不但是……還是……更是…… 例句： 這棟建築物很雄偉，不但是臺灣最高，還是亞洲最高，更是全世界最高，令人讚嘆不已！
換我造句				
換我造句				

因果句			
示範	下雨	在家	★因為……所以…… 例句： 因為現在外面下雨，所以只好在家裡看書。
換我造句			
換我造句			
示範	下雨	在家	★既然……就…… 例句： 既然外面下雨，我們就在家裡看書吧！
換我造句			
換我造句			

轉折句			
示範	年紀小	力氣大	**★沒想到……竟然……** 例句： 沒想到他年紀輕輕，力氣竟然比大人還大。
換我 造句			
換我 造句			
示範	沒讀書	成績好	**★雖然……卻（還是）……** 例句： 他這次考試雖然沒讀書，成績卻依舊很好。
換我 造句			
換我 造句			

3-2 不要一直然後了！善用連接詞

　　除了上述句型，還有一種句型叫「順承句」，可以讓孩子從一句話進階到一段話。一般的順承句多是「先……再……最後……」，但如果事件的步驟很多，就必需再增加幾個連接詞，讓整段文字更豐富，也就變成了「先……再……接著……然後……最後……」的句型。

　　學會順承句真的很重要，光看學生的作文中經常一直出現「然後」不然就是一直「接著」的句子或段落，改到我們都快眼花了！更不用說與一個人說話時，不僅是小孩，就連不少大人一出口也是一直「然後」下去的，有時甚至變成了習慣性用詞，說話的人完全不自覺，反倒是聽者聽得都想幫他說啦！而且聽到對方「然後然後」的一直說，真的會厭煩到最高點而失去耐心。

　　所以，可以請學生實際將一整串句子都用相同的連接詞唸出來，讓大家聽聽看，並分享聽完的感覺，學生就能有所感受了，也才能引起學生學習動機。

　　句子呈現很重要，清楚闡述一件事更重要，如何讓閱聽者不會看到或聽到「抓狂」，改到「吐血」，善用並習慣更換不同的連接詞，不但讓句子更有層次，也讓閱聽者能「一氣呵成」，讀完一篇絕妙好文或聽完一段精采故事呀！

🔶 密技示範

三個連接詞試試看

　　很多事件都有先後順序，有些可以互換，有些就無法互換，例如「每個小孩子都是先學會爬，再學走路，最後學會跑或跳。」這就是常理下不能互換順序的句子；「我一回到家，先去寫功課，再洗個香噴噴的澡，最後跟全家人一起享用美味的晚餐。」這種句子就可以因人而異而更換前後順序。

　　老師先解說順承句的意思，再讓學生從日常生活中去尋找他習慣性的動作或行為，接著開始分三個「步驟」，把連接詞一一填入，最後輸出成一個完整又通順的句子，例如把洗澡分成三個步驟「沖水、肥皂、搓洗」，套進句型「先……再……最後……」：

　　洗澡的順序通常是先沖水，再抹上肥皂，最後把身體搓洗乾淨。

　　又例如把煮湯的過程分成三步驟「高湯、豆腐、青菜」，套進同一個句型，就成了：

　　媽媽先煮高湯，再放入小方塊的豆腐，最後加入一大把青菜，就完成了好喝的青菜豆腐湯了。

挑戰五個連接詞

　　所謂五個連接詞，就是在句子中間再加入接著與然後，形成了「先……再……接……著……然後……最後……」的句型。可以先讓學生

思考將「完成一件事情」分成五個步驟，也可以示範一件事情讓學生看。例如我上課時就剛好拿著我的保溫瓶在喝水，於是我就：

「先」請學生認真看我的動作，

「再」共同討論分解成五個步驟：

①拿起保溫瓶、②打開瓶蓋、③喝水、④蓋瓶蓋、 ⑤放到桌上

「接著」把五個連接詞依序放在每個動作前面，

「然後」在每個動作前加上不同的副詞或在名詞前加入形容詞，補上一些主詞與時間地點，

「最後」全班合作下，串起來的句子就成了：

上課上到一半時，老師口渴了，所以她先優雅的拿起保溫瓶，再快速的打開瓶蓋，接著喝下香甜的冰綠茶，然後順手把瓶蓋蓋上，最後輕輕的放回桌上，繼續上課。

老師還可以再請學生將全部連接詞都改成「然後」唸唸看，學生就更體會句子聽起來是多不順耳了，也才能感受不同連接詞的妙用呀！

學生發想

當全班共同發想後，接著就把球丟給每一位學生了，讓他們透過五個連接詞串起整件事或整個行為，再利用文轉圖的輸出更清楚。

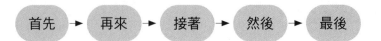

首先 ➡ 再來 ➡ 接著 ➡ 然後 ➡ 最後

過年時，大家先抱著期待的心情去阿嬤家，再一起吃她最拿手的

人間美味年夜飯，接著玩桌遊玩到瘋，然後共同守歲到兩點，最後開心的進入夢鄉。

夜晚時，忍者先跑進主城，再躲到黑暗的地方，接著殺光全部侍衛，然後在門後等待暗號，最後一舉攻下城堡。

不同狀況使用法

- **事件有先後順序，但順序不能互換**

  每個小孩子都是先學會爬，再學走路，最後學會跑或跳。 〇

  每個小孩子都是先學會走路，再學跳，最後學會跑或爬。 ✕

  大人先把田裡的土挖鬆，再讓小孩拔花生，最後看到一堆又一堆的花生很有成就感。〇

  大人先讓小孩拔花生，再把田裡的土挖鬆，最後看到一堆又一堆的花生很有成就感。✕

  這種就是常理下不能互換順序的句子。

- **事件有先後順序，但順序可以互換**

  我一回到家，先去寫功課，再洗個香噴噴的澡，最後跟全家人一起享用美味的晚餐。〇

  我先用草莓果醬在吐司上塗個大愛心，再來用吐司與起司做出小城堡，最後我把花生醬塗在金黃色的吐司上，味道香噴噴的。〇

  這種句子就可以因個人習慣而更換前後順序。

💡 延伸練習

順承句（三個連接詞）

先 ➤ 再 ➤ 最後

例句：
洗澡的順序通常都是**先**沖水，**再**抹上肥皂，**最後**把身體搓洗乾淨。

換我來造句，再把步驟文轉圖畫出來

造句★

造句文轉圖

造句★

造句文轉圖

順承句（五個連接詞）

首先 → 再來 → 接著 → 然後 → 最後

例句：

看著賣章魚燒的老闆，**首先**把麵糊倒在烤盤上，**再來**放入一塊塊的章魚，**接著**撒上高麗菜絲，**然後**快速的翻轉麵糊，**最後**把一顆顆的章魚燒，淋上美味的美乃滋，放在盤子上。

換我來造句，再把步驟文轉圖畫出來

造句★

造句文轉圖

造句★

造句文轉圖

學習筆記拆解術

之前網路上流傳的「學霸筆記」，一份幾千元都有人下單，還造成不小新聞，當然前提是這些筆記來自於「學霸」，光這兩個字一出現在江湖，不管是出於好奇或是想比照辦理，甚至想學習的人，都會想瞧瞧。雖然我沒花錢去買，但如果有別人下單後借我看，我還真想「一探究竟」！

筆記不是人人會做，當然會筆記的人也不見得都能做出「好筆記」，否則「學霸筆記」就不會引起騷動，甚至出現商機。 雖然如此，我們還是可以從小學開始加入學做筆記的行列，當然，你得先學會把基本知識的關鍵點找出來。多數老師都會協助畫重點，但不是隨時有人幫你畫重點，最終目標還是得學會自己抓重點筆記。接著就是善用幾種簡單的方式來拆解筆記，再重組成自己的筆記。

「有時千言萬字不如一張圖表好」正是筆記魅力所在，如何把看似密密麻麻的文字去蕪存菁，「轉譯」成一張圖或表，讓知識可以有系統的彙整存檔，這就是筆記的強大功能。不同的文本與知識，如果能善用不同的筆記方法與策略，就能讓學習變得事半功倍，也能讓知識更深化並做最佳化應用。

整理資訊的魔法道具
4-1 符號筆記法

⟡ 密技示範

　　生活中有一些常見或簡易的符號，甚至是其他領域上常出現的符號，都可以跨域使用，這些符號就像哆啦A夢口袋中的道具，你可以隨取隨用，任意搭配，取代冗長的文字，就像我班上的社會老師胡唯毅也會在課堂上帶領孩子善用符號做筆記。

萬用箭頭

　　這箭頭之所以冠上「萬用」，就是因為它換個方向就能代表不同意義，舉幾個簡單的例子：

　　• 當內容談到「**上升或下降**」、「**增加或減少**」、「**變好或變差**」、「**豐富或匱乏**」時，就可以用↑或↓來簡化文字。

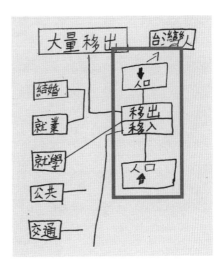

· 當說到「**因為這樣導致那樣**」、「**呈現結果**」，就可以使用單向箭頭；當內容談及「**彼此間的因果關係**」、「**互為影響**」、「**互為相關**」時，這時雙箭頭 ⇆ 就可以出場了，一目了然立刻打趴一長串文字。

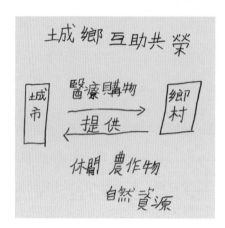

互為・對於・影響 ⬆⬇

· 當內容出現**順序性**時，就可以用 ⬇ 或是 → → 來呈現這些人物或事件的**前後關係**。

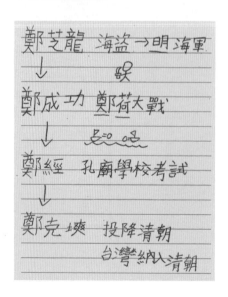

順序・接續 ➡ ➡ ➡

- 當內容出現「**以某個點為界**」，就可以讓箭頭符號➜跟著幾米向左走向右走啦！

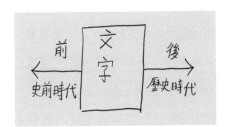

- 當要表達「前與後」、「因果關係」，也可以使用箭頭符號➜來代表喔。

地形的影響
一個地區的自然環境條件，會影響當地居民的居住狀況。例如在<u>平坦</u>的地形，對於鄉鎮地區來說，要進行大面積開發，或是<u>擴大</u>城鎮的規模，這樣的地形都是<u>很有利</u>的；如果自然環境條件發生變化，例如河流因為自然或人為原因改向，或是港口發生<u>淤積</u>，都有可能不利<u>城鎮發展</u>，甚至<u>沒落</u>。

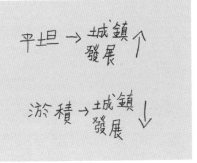

從文本中抓出關鍵詞「平坦」「淤積」然後導致「城鎮發展」，將「擴大有利」轉譯成「↑」將「沒落」轉譯成「↓」

數學符號＜＝＞≠與△□○

　　當內容出現「**甲比乙多**」、「**甲優於乙**」或「**甲跟乙相同**」，這時千萬別忘記數學界的超級巨星：**小於＜、等於＝**，及**大於＞**，不要客氣，直接拿來記筆記，因為你對這些符號太熟悉了，不用是要放著生鏽嗎？而上述的甲跟乙，繼續借用數學圖形界的另外三大兄弟△□○來替代，既可以省去一直重複寫這些文字的時間，看過去也更為清楚，重點是你省下了許多時間可以做自己愛做的事呀，可以省的就不要浪費。

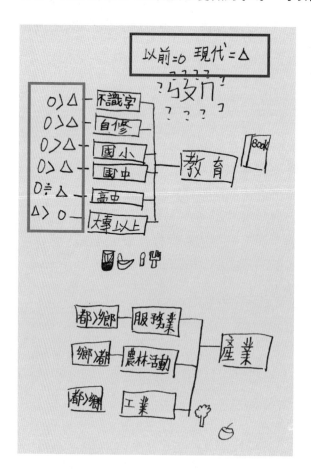

不一樣 ≠
一樣（相等）＝
較少 ＜
較多 ＞

其他符號

當然除了上述這些常見的符號外，你自己熟悉或常見的符號也可以放進筆記，畢竟筆記是自己要看的，自己懂、自己了解最重要，但如果意外造成大家搶看，不也是另一種驚喜嗎？

例如用「天秤」來呈現男女之間的關係，而連男女二字都可以用大家再熟悉不過的♀♂來替代，減省時間也更為清楚。

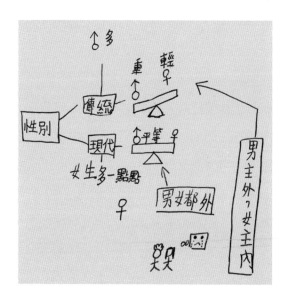

無論你採用哪一種符號來轉譯文字，請務必遵循「快速、清楚、簡單、易懂」這四個基本原則。

4-2 歸納訊息必備 圖表筆記法

　　筆記的圖表有很多種，除了常見的心智圖，其實你還有其他的選擇，讓你畫一張圖表秒懂整個知識點。

🔷 密技示範

T 表（二維表格）

　　許多文本需要進行比較分析，事件要比、人物要比、地形氣候要比，連前後差異都要比一下。有可能在一大堆文字中看了前面忘後面，整篇看完更是霧裡看花似的，這時你可以怎麼做呢？

① 必須先抓出到底是誰在比？比些什麼？

② 然後畫出一張表格後開始填空，橫軸縱軸各要填入哪些關鍵字詞。

③ 接著開始一一將比較的結果放入表格中。

④ 當文字讀完，表格也完成了。

國字	地形	主要從事	附加
平原（臺/盆）			
丘陵			
山地			
沿岸			
老師補充			

外觀	特色／改變	功能
身軀	流線形的身軀跟魚雷一樣。	減少水中阻力。→會游得更快。
鼻孔	鼻孔原本長在頭部的前端。→演化後↓漸漸移到頭頂上。	方便在水上呼吸和換氣。
脂肪層	有厚厚的脂肪層。脂肪層	不會失溫→在南北極也能生存。

海豚的基本資料和身體特徵立刻一目了然。

動物	外觀
卷尾猴	可多方向彎曲
松鼠	又大又寬。
魟魚	又細又長有刺。
孔雀	又大又寬，像扇子。
蜥蜴	像蛇的尾巴
蠍子	末段有刺

此刻的你就能感受到什麼叫做「一張圖秒懂」的感動呀！

樹狀分類表

說到分類表，腦袋瓜中會第一個想到動物的「界門綱目科屬種」，**透過一層一層分類**，更清楚彼此的關係或區隔，只能說不管國語數學社會自然，統統很好用，例如：

◎ 國語：律詩與絕句、六書

◎ 數學：各種圖形種類、

數分類

◎ 社會：權利與義務

◎ 自然：動植物分類

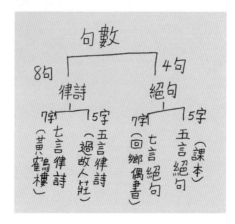

絕句與律詩的差別就可以透過分類更清楚。

其他圖表

除了常用的表格外，數學中常見的**圓餅圖**、**折線圖**、**長條圖**等等都可以讓你免費無限下載，運用在不同領域上，達到「**清楚、比較、關係判斷、趨勢、簡易**」的目標。

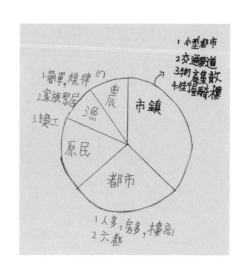

4-3 不再掉進時間的漩渦
時間軸筆記法

　　這不用說了，社會領域中的歷史事件就是「順序性」的經典案例，雖然現在不會細小到要考你甲午戰爭是哪一年發生的，但你鐵定要知道甲午戰爭跟清法之戰哪個先開打吧！套句歷史小巨星吳宜蓉老師的話：「沒有時序感沒有辦法把歷史念好，因為時序會帶出前後事件的邏輯因果，它是國小國中課綱歷史的核心能力。」因此「時間軸」就是學歷史的必備神器，一拿出來打遍天下無敵手，時間軸上一字排開，各事件清楚定位在上面，如同電影名稱「一個都不能少」呀！

✦ 密技示範

社會

　　社會中的歷史事件是最擾人了，常常搞不清楚哪個事件先發生？哪個戰爭才開打？因此常常全文看完後，事件一個一個經過，腦袋就一個一個跟著忘光光。

　　這時你千萬別覺得自己腦袋不好，只是你沒善用神器罷了！搬出「時間軸」，不管是橫式或直式，這條線先畫出來準沒錯，接著隨著文本的順序，一個事件一個事件把它定位在這條軸線上，當全文閱讀完，事件已清清楚楚定位在時間軸上了，一目了然，不但知道了基本的時間順序，有些還能推敲出事件的因果關係。

接著再搭配條列式記點，把屬於這事件的重點一條一條找出來記下去，如此一來，一個時間軸就能清楚呈現整篇的全貌，也能看清知識的脈絡。

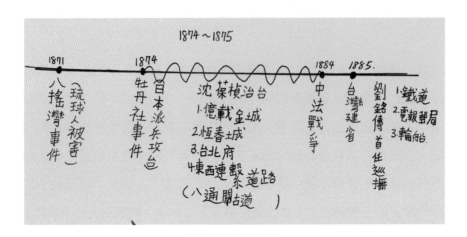

橫式時間軸

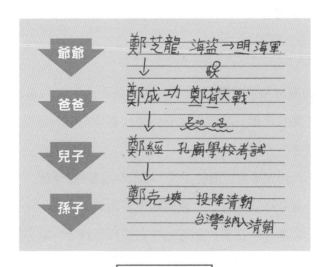

直式時間軸

當然了，社會不是只有戰爭而已，地區的發展順序、物品的演變、人物前中後期的豐功偉業等等，都可以善用「時間軸」神器，將知識快速入袋，讓腦袋永遠保有「時序感」才是最重要的。

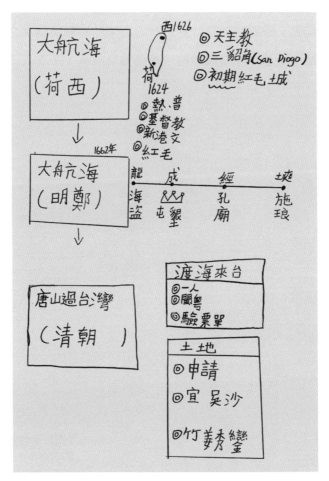

當然也能直式＋橫式時間軸，摘錄更複雜的訊息。

國語

　　國語文的文本更長了，尤其許多是有故事性的，不管是順序或是倒敘，一樣都可以利用這一條時間軸，把故事全貌呈現出來，邊閱讀邊找出每個斷點，而這些斷點其實就是故事情節的轉折處，甚至是「進廣告」的切點，學習找斷點就更易掌握劇情的高潮與精采之處，也容易看清楚故事情節的走向與脈絡。未來要寫故事，按著時間軸來定斷點，說不定下一個 JK 羅琳就是你了。

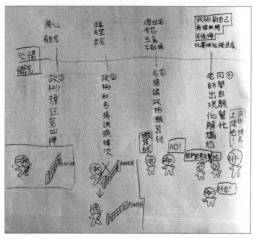

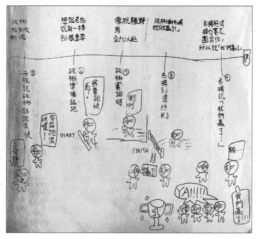

按照故事情節走下來，還可以順便分析主角的情緒，更得掌握故事脈動與節奏。

自然

你說時間軸神器也能運用在自然領域上嗎？答案當然是肯定的！就拿從以前就一路不敗的觀察月亮的變化來說，其實就是以一個月的時間軸來呈現，從上弦月到滿月再到下弦月，就是一個經典的時間軸例子，也清楚掌握月亮的變化。

而動植物的生長也能比照辦理了，不但文字描述，還能佐以插圖補充，完美呈現。

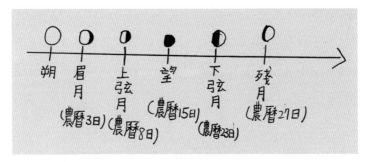

時間軸搭配月亮的變化，讓知識變得更清晰易懂。

4-4 有圖有印象 地圖化筆記法

俗話說：有圖有真相，地理是「有圖有印象」。社會領域中的各項地理分布就是地圖化的經典案例，還記得以前的必考題「長江流經哪幾個地區」嗎？

當然，現在再考這個沒意義，好好認識我們居住的臺灣才更有其意義。臺灣東西南北部各是什麼地形？一張臺灣地圖就能完整呈現，同樣「一個都不能少」啊！

密技示範

社會

社會中的地理實在是令人頭大，河川分布、氣候分布、地形種類……每個地區都不一樣，卻都要知道，甚至連歷史事件的登陸地或發生地也得了解。

其實，善用一張地圖就能一覽這些複雜的資訊，做到「有圖有印象，隻手掌握全世界」。當你學習到臺灣沿岸地形時，不用懷疑，就是先畫一個地瓜，應該說，畫一個比較符合臺灣地形的地瓜，然後隨著文本描述，在地圖標出位置並填入關鍵詞，接著根據文本，加入關鍵點。當你讀完全文，所有地理資訊已清楚標示在地圖上了，一目了然。

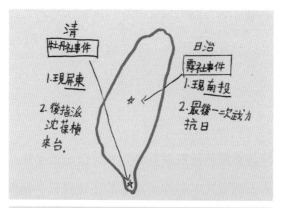

歷史事件發生地,有圖有印象!

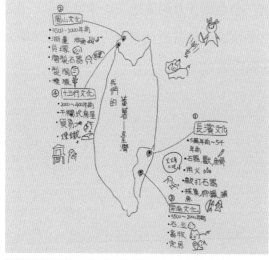

加入條列式資訊,整合所有資料在圖中。

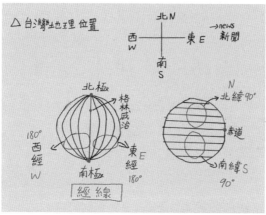

這是進入地理的大門,認識我們所居住地球的基本資訊。

其實光一個臺灣地圖畫出來，許多資訊都可以在圖上呈現，只是需要做好分類，一張圖呈現一個主題就好，才不會讓地圖資訊太雜亂，反而失去筆記效果。

國語

國語文本中會出現記敘文體遊記或是景象介紹，這時地圖就非常好用，一張簡圖先畫出來，隨著文本中作者走過的足跡與文字描繪，開始一一填入，沿途風光，景色與人文都匯集在一張地圖中，不僅能讓主角的遊記更為鮮明，也能讓各地的自然景象清楚呈現在地圖上，更能讓讀者洞悉作者文字間的意涵。

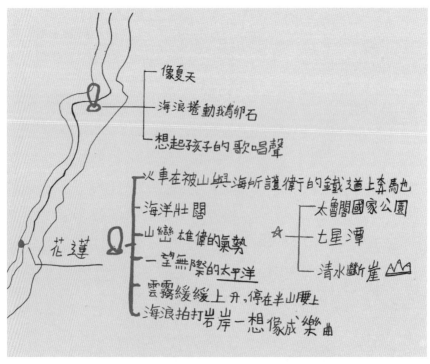

搭著地圖跟著主角走花東，更能體會文字的描述。

自然

　　把地圖運用到自然領域，其實就是圖像化，以動植物來舉例說明，要學習動植物的各部位名稱，就適合直接畫出簡易的植物或動物外觀，然後直接在「動植物地圖」上拉出一條線，標示名稱及功能或運動模式等，就能讓散落在課文各段的知識集中在同一張地圖上，理解與複習時也能更得心應手。

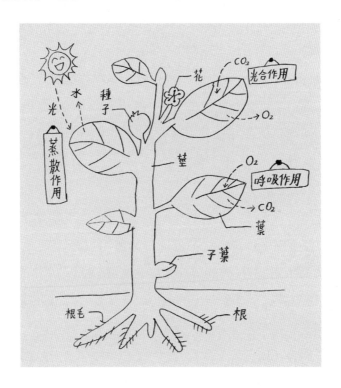

　　筆記其實就是呈現一個人的思考邏輯及脈絡，也是一種化繁為簡的過程，所以才會各有不同，筆記方法千百種，只有優質與普通而沒有對錯，但如果能透過拆解，了解各式筆記的元素組成後再重組，就能更輕易入門筆記，然後完成屬於自己的筆記。

5 生活應用力

　　每每在電視前看美食節目，主持人到訪網紅打卡美食店家，除了實際品嚐特色料理，都會來一段美食介紹。接著鏡頭轉向觀眾問對於美食的味道、口感與感受，「很好吃」永遠是最常聽到的一句話。

　　各地小吃、美食充滿生活日常，讓孩子學會用五感來觀察並品嚐食物，再用一感來表達心情感受，將飲食文學變成日常，應用聽說讀寫，先「聽」專家如何說一道好料理，再「說」自己對食物的感受，接著「讀」作家的飲食文字饗宴，最後「寫」出自己的滿漢全席文學。

　　而生活也脫離不了旅行，國人多數會從網路上搜尋旅行社推出的行程，從景點規劃到吃住都要一一衡量。同樣，若能讓孩子從旅行文學的文本出發，再轉化成旅遊廣告文案，精準下標、簡介內容、搜尋旅行亮點等，最後創作出的旅遊廣告文案，就是素養的展現。

　　除了美食及旅遊外，自我介紹也是生活中常客，以語文為基礎再加上語文技巧，讓自己的名字快速「刻在對方心底」，真的是一件值得你用心投資的「大事」。不管是說得一口好料理、企劃超吸晴的旅遊文案，或是令人印象深刻的自我介紹，都是學習語文後應用在日常生活中的絕佳展現，更是必備的語文應用力。

5-1 成為擁有 5+1 感的美食家
生活中的六感素養課

　　國語課本中有關各種食物的描寫，從五感，也就是視覺、聽覺、味覺、嗅覺及觸覺來講食物，就是我們常說的色香味俱全，然後再多加個感受。

　　透過飲食文學的解析與延伸，讓孩子實際從「5+1 感」針對每樣食物用心觀察並記錄，透過有系統的引導與思考，不敢說人人都會成為美食評論家，但至少不再只會說「很好吃、很棒」了。

🗝 密技示範

課本句子先搞懂

　　當課本出現飲食文學時，先請孩子把文中出現的食物找出來，接著尋找有關食物的各種描寫再標注摹寫修辭，這是文本解析的基本功，例如：

　　一杯盛裝在透明杯子裡的果汁，上方被一層層厚厚的雪白泡沫覆蓋著……

　　這是對鳳梨汁的視覺摹寫。

煮上一鍋李子果醬，得用上一包黃砂糖，當果肉融化之後，混合著焦糖，上升的氣味實在太甜美了。

這是對李子果醬的嗅覺摹寫。

5 感＋1 感的引入

在修辭學上的摹寫包含了五個，把課本沒出現的一一帶出場，讓學生學透過五官感受來細部且精準描述一種食物或一道料理，也就是利用有系統與脈絡的思考，引導學生可以先從外觀看顏色、大小及形狀，接著聞食物散發出的味道，再來摸摸食物表面，然後敲一敲，或是開始吃一口的聲音，最後再想想吃到嘴巴內的感覺，透過這樣一步一步、一問一答的引導，五感技能就輕鬆納入技能口袋了。

當然，還要補上很重要的一感才算完成食物描寫的拼圖，那就是「心中感受」。記得千萬要把超級巨星「譬喻」、「擬人」以及「誇飾」也一併拉進來，透過這幾種修飾法，可以讓孩子說出更加貼切，也讓聽者更有感的五感及感受，例如：

摸起來硬硬的像一顆石頭。（觸覺＋譬喻）

又是黃澄澄的又是紅通通的，如同打翻了顏料絢麗。（視覺＋譬喻）

輕輕一咬，水果便四分五裂。（味覺＋誇飾）

靠近一聞有種刺鼻的味道，像極了消毒水。（嗅覺＋譬喻）

吃下去能聽到輕輕的「波」一聲。（聽覺）

一口咬下，感覺像上了天堂般美好！（味覺＋誇飾＋譬喻）

那甘甜般的汁液瞬間填滿口中的每一個角落。（味覺＋誇飾）

那一小小顆番茄，穿著紅衣裳且戴著綠皇冠。（擬人）

食物猜猜樂

　　跟孩子介紹完五感後，可以先來玩暖身活動：「食物猜猜樂」，讓每個學生自選一道喜歡的小吃或料理當謎底，然後依照五感，各寫出五條線索，開始一場食物猜猜樂遊戲。當唸完五條線索後，全班必須有人猜出食物謎底，出題者才算過關。

　　過程中老師可以邊唸線索邊置入性教學，學生邊聽線索也能邊學習，例如：

1. 這個食物有黃色、紫色，外面是圓的，小小一顆。（視覺）

2. 摸起來油油的，油炸食品，大火快炸。（觸覺）

3. 口感ＱＱ的，非常好吃。（味覺）

4. 靠近就會聞到一股淡淡的地瓜味。（嗅覺，這條線索根本就快劇透了）

5. 在夜市裡吃得到，吃完後心情很好，令人滿足。（感受）

　　上面這組謎題的答案，當然就是許多人愛吃的地瓜球，唸線索的同時，老師可以觀察學生反應，當學生認同度愈高，表示出題者的文字愈精準。

　　當然了，如果猜不到，從學生反應也可以看出來，這時不用你出口，學生就會七嘴八舌的說要如何改題目了，這就是一種共同學習與修正。

美食評論金句大搜尋

有好工具一定要善用，估狗大神更不能放過，透過賞析好文好句，能讓學生更易上手，從網路搜尋美食節目介紹，可讓五感更具體化，學生的想像力也才會更廣闊，讓孩子知道原來味道可以「低調」、口感可以「奢華」、吃完能「魂牽夢縈」……漸漸的，學生就能體會，進而善用所學的語詞，讓說話內容不再空洞。

限時寫文案

當這些基本盤都完成後，就可以進入重頭戲：「美食文案」的撰寫了，可以先從學生的生活經驗著手，例如課本出現的食物、營養午餐菜色、各地特色水果、臺灣道地小吃或是孩子最愛的零食等，讓孩子有感的食物也才能激發他們寫出有感的句子。

可以先從簡單的水果著手，在限時的時間內至少寫出三感來。接著一一唸出內容讓全班來猜水果謎底，唸的過程中其實就是一種共同學習，千萬別把這大好機會給浪費了。

以顏色為例，許多水果是紅色的，多數孩子也通常就寫紅色外皮，但就會有人會寫出「紅通通」、「鮮紅」的好詞來，這時老師就不能只是唸過帶過而已，而是要特別強調這幾種的程度差異，我常常都會說：

「紅色是低年級版的喔！一年級就知道要講紅色了。」

「紅通通或鮮紅就進階到中高年級版了，不錯不錯！」

「如果再加點【紅得像什麼一樣】就是最高級版啦！滿分馬上進帳。」

如此的解說可以讓孩子更了解不同語詞到底差異在哪，更清楚如何修正自己的語詞並提升文句的深度。

當然了，只要是好詞好句一出現，老師的敏銳雷達立刻就要啟動，趕緊唸出來分享並即時鼓勵，一魚就該全班一起吃的帶著大家同步學習再進化。

分享後再倒帶重述

全班都分享過文案後，最好重新倒帶來一遍，並且這次要把 5+1 感統統派上用場，甚至譬喻、擬人及誇飾等修辭也要一併出場，讓孩子以「補充加料」的方式來針對舊文章進行修改，當然更熱烈歡迎有孩子願意拋棄舊文重新書寫一篇的上進心呀！

等新文章上架後，整個 5+1 感發揮得淋漓盡致，該修的、該改的、該補的，甚至整句打掉重練的都有新生命了。

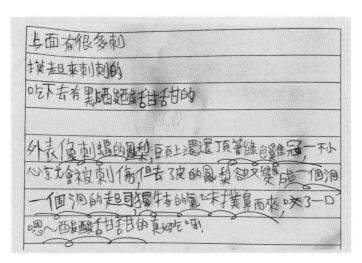

補充加料後的文章，鳳梨感覺起來更有滋味了呢！

5-2 變身旅行廣告文案達人
旅遊文學中的閱讀素養

　　旅遊文學對孩子而言是一門超貼近生活的課，不但能帶著學生體驗各地風俗民情，還能化身成旅遊文案，更能引出每個旅人思索旅行的意義與對人生的省思。

◆ 密技示範

三篇文本同步在地圖上閱讀

　　當課本同一個單元收錄多篇旅遊文學，就是要教你一起閱讀比較，千萬不要拆開來教學啊。因此，我會先讓孩子花點時間閱讀這幾課，同時拿出世界地圖，請全班找出每篇中提到的地點，這樣一來，課本中各個景點與臺灣就立刻連結在一起，一整個地球都在掌握之中。

　　了解各地的相關位置對閱讀旅行文學是基本款，畢竟學生了解景點與臺灣的相對位置後，才能再深入閱讀各地的風俗民情與特點。老師可先提出一個問題讓學生思考：「在不考慮各種限制因素下，如果能出國，你最希望家人帶你去哪一個國家旅行？」有時候投票結果在預料之中，當然也有意外之喜，因此我會在深入探討完這幾課旅遊文學課文之後，再問一次相同問題，看看大家的想法有什麼變化，也提供孩子互相討論的機會。

分組討論旅遊文案並上臺提案

　　首先要分配各組針對不同地點深入閱讀，也可以用同一個地點來操作，每一組的任務是要找出該景點的五大亮點，簡單的說，就是導遊帶團必去必看的五大景點，統統給我找出來。這樣做的目的其實就是要讓學生學會從文本中找出該課描述的景點特色與重點，限定五大則是要學生學會比較了解取捨的關鍵點。

　　接著討論廣告文宣的前言簡介與標題。前言簡介有點像本課大意，推薦讓學生練習用「問句」寫作手法來吸引讀者目光，例如：「你有搭過吉普尼穿越搖滾之道嗎？」、「你想體驗日本動畫《天空之城》的真實場景嗎？」、「你想穿越卡通來一趟馬達加斯加島之旅嗎？」這些文句老師都可以先示範，學生才能延伸思考與創作。

　　而標題可以參考課文的主題做變化，也可以重新詮釋這個景點，目的就是要讓學生理解整個文本後，針對內容精準下標，其實這是習作也會出現的練習題型，剛好可以一併融入，一起呈現。

　　然後，就是各組上臺報告「旅遊提案」了。將各組討論的主題、簡介與五大亮點一次說清楚講明白，透過實際講解，學生對文本會有更深的理解，當然了，讓孩子練習口語表達也是教學重點之一！

　　最後再針對每一組的旅遊提案做出評論與建議，這個步驟就是再一次協助學生理解文本並再次精準對焦文本內容。

　　除此之外，旅遊文學的一大特點就是作家本身對旅行的看法與省思了。你也跟我想到同一首歌了嗎？〈旅行的意義〉搭配旅遊文學真是絕配呀！

　　這讓孩子開始知道每一次的旅行帶給人的不是只有表象的好玩景點

與吃吃喝喝，還要開始學會自問：旅行帶給自己的感動與感觸為何？像這樣的自我探索，很適合在國小高年級中進行。

個人廣告文宣設計大爆發

在整組的討論練習後，接著就是個人實力與創作的展現與爆發了。請每個學生針對同一個文本來設計「旅遊廣告文案」，文案中要有「**主題（slogan）**」、「**旅遊簡介**」、「**旅遊五大亮點**」等基本要素。當然，為了增加可看性與趣味性，可讓學生自由發揮，加入其他延伸，如天數、價格、旅行社等資訊。

在執行之前，建議老師先提供旅遊行程案例說明，讓學生可以學習將文本中的一大段文字描述精準濃縮成一句話呈現，例如：

獨家入住當地特有高腳屋，深入體驗當地生活。

走訪巨人的階梯，體驗大喊的快感。

親臨木雕工廠，免費動手 DIY 雕刻稻神乙個，讓你帶回家珍藏。

這些都含有文本各段中提到的旅行亮點，讓學生學會擷取精華，善用不同動詞與形容詞，化身成一句超吸睛的完整句。

當然了，有了文字，插圖也不能缺席，圖文並茂的文宣才會吸睛，透過文轉圖，學生呈現出來的插圖也能反映文本的重點，不是嗎？

廣告文案登場

當每個人的旅遊文案都完成後，老師當然是第一位審查者，或者要說是第一位讀者或消費者也很可以，除了幫助修正每一個學生的文案，

也記得給予建議，這部分盡量保留學生原本構想與創意，僅針對文句不通順、缺漏的亮點、語詞的建議等等做細微修正即可。

最後可以將每個學生的文案列印，張貼或是裝訂成一本傳閱，讓學生化身消費者，開始從中精挑細選最吸睛的旅遊文案，也是讓學生互相觀摩彼此的創作，達到重複閱讀文本之效。甚至可以邀請同學、年級老師及科任老師來場廣告文案票選，相信被選中的學生或是組別會更有成就感喔。

生活實踐登場

不妨在班級旅遊或家庭旅行時，試試讓孩子化身旅遊專家提出旅遊文案，別小看這一張文案，它可是需要許多語文力、理解力、創造力等整合，才能端出來的一道旅遊料理。

最後別忘了，讓孩子將旅行、學習、生活與自我感觸整合在一起，了解到旅行除了過去體驗到的表面外，也學會開始內心的感動與最深的自我省思，那才是旅行文學的核心價值。

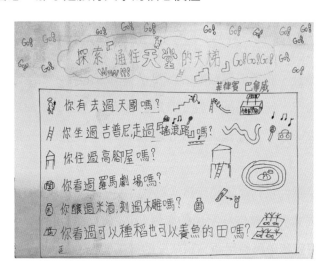

5-3 刻在「別人」心底的名字
認識自己才能介紹「字」己

「值得『ㄒㄧㄥˋ 賴』的秋江老師好！」這是我在學生心中的新稱呼，是不是覺得秒記又雙關有哏呢？

說到「自我介紹」，應該是許多學生到新班的痛！因為老師常常一句話：「下星期全班自我介紹！」就要學生上臺講滿三分鐘，但這談何容易呀！難怪每次此話一出，底下學生常哀鴻遍野。不僅小孩，可能連許多大人都如此，就算做到了，也可能只是基本款的姓名介紹，再加個服務單位，然後呢？快速遞上名片，請多多指教了。

這樣的自我介紹不僅無效，也會讓對方秒忘，所以如何善用一些語文技巧與知識，讓自己被「秒記」就顯得格外重要，就像現在的我走在學校走廊，學生遠遠看見我就直喊：「值得『ㄒㄧㄥˋ 賴』的秋江老師好！」有沒有覺得這樣被叫著是有感的，心裡更是一陣幸福！

而除了善用這些技巧之外，另一個重點當然是要先了解自己，無論是個性、專長、興趣或優缺點，懂得看清真實的自我才能從中找到亮點並定位自己，接著搭配著姓名來段自我介紹，包準驚豔全場，不但能加深他人印象，更能讓人同步了解眼前的你，朋友圈立刻又向外擴寬了點。

其實從小到大我們都講過無數次自我介紹，也聽過無數次別人自介，但真正有哏有亮點讓你秒記住的有幾個？應該屈指可數吧！所以花點時間，了解自我後再應用語文課所學的知識變現，讓人把「你的名字」

刻在心底是不是很划算又值得投資？無形中提升自我生活中的社交力
也讓語文課變得更素養。

❉ 密技示範

動動文字拆解姓名

這是一個暖身活動，我都會先以自己的名字示範拆解：

賴 = 束 + 負
秋 = 禾 + 火
江 = 水 + 工

這個就是一個語文識字的基本工，讓學生先了解自己的名字怎麼寫，
別懷疑，真的有學生還是會寫錯自己的名字。

我常跟學生說，可以把名字裡的每個字盡量拆成二張牌，真的不行
再細拆成三張牌，例如「楷 = 木 + 皆」，就不要拆成「木 + 比 + 白」；
另外如果無法拆的，或不知道能拆成什麼的，就放著不要動。

從拆字過程中，教學生把字拆解成「部首 + 部件」，這個活動就可
以讓學生更仔細去認識自己名字如何書寫，也是尊重自己名字，在學
習上更能看出學生的識字量多寡。

最後當然要帶出常用姓氏說法，例如：有人姓「ㄓㄤ」，到底是哪
個字呢？這時拆字就很重要，因為可以讓對方立刻知道正確姓氏，是
「弓長張」，還是「立早章」？接著就讓學生說說自己的姓氏是否可
以這樣拆解說清楚。

當然啦！常見的「雙木林」、「耳東陳」、「口天吳」、「木子李」都要一併帶出場，讓孩子了解「怎麼說可以讓對方秒記秒懂」是件很重要的事。

雙關諧音更有哏

雙關諧音在語文上是有趣的也可以讓學生快速記憶，所以務必要善用這項技巧在名字上，包準讓對方快速植入腦中。就拿我自己的姓氏來說，「姓賴＝信賴」是一種諧音，再加上「值得」姓賴，我立刻成了學生口中「值得信賴的秋江老師」，是不是很給力！還有一種是以「賴秋江」來擴散思考，有什麼語詞最後一個字是跟「江」同音，學生可能就會直覺聯想到「豆漿」「米漿」「岩漿」「長江」「黃浦江」「錢塘江」等等，接著我讓他們就語詞分類，把相同類別的分在一起，接著好戲準備上場，我把自己的名字跟同類型的語詞串成一段話：

我一早除了吃麵包當早餐，還會喝飲料，有時喝「豆漿」，有時喝「米漿」，但我最愛的還是「賴秋江」。

學生通常都一陣狂笑。接著繼續講：

阿公常常去大陸玩，看過「長江」、「錢塘江」和「黃浦江」，但他覺得最美的還是……

講到這時，我故意放慢速度，拉高音調，學生就一起說出：

「賴秋江」！

當然，這種諧音可遇不可求，畢竟姓名是爸媽給的暫無法更改，但可以從這個例子中，讓學生去腦力激盪，例如我教過的學生有：高興（就真的是開心啦）、信昕（很有信心喔）、陳語○（來個成語也不錯）、邰宇○（臺語很重要）⋯⋯像這樣提供諧音哏的靈感，讓學生有方向去思考，如此一來，就能產出更多「有哏」的語詞來，也更容易讓彼此把名字刻在心底。

姓名造詞造句法

當名字無法設計成雙關或諧音時，這時就可以搬出「造詞造句神器」，讓學生直接把姓名都拆了再重新組合，如果可以再串成一個完整易記的句子就更完美了，就像學生把「賴秋江」變成了「喜歡賴在秋天江邊的老師」，是不是也很有趣呢！

另外還有很多同音的例子，像是：黃金的黃、謝謝的謝、許願的許、智慧的慧、容易的容、亞洲的亞、美麗的美，這些都是字同音同所完成的一個語詞，對學生來說就是基本的造詞；但如果無法字同，可以改採用「音同」的方式來呈現，例如：

我是喜歡「紅」色及「澄」色「橘」的洪成僑。
我是想在森「林」裡跟獅「子」玩「遊戲」的林子猷。
我是討「厭」吃「菜」的蔡承彥。

像這樣透過拆字造詞後，再串成完整句子，不就輕鬆把語文知識運用上了嗎？

當學生一個個想出好句子時，就要鼓勵他立刻分享，讓其他學生可以即時參考；當然也有想不出來的學生，這時就要老師充當主持人，登高一呼：「○○○可以怎麼變身呢？大家可以幫他想一想嗎？」相信我，學生想別人的總是比較容易又快速，一堆點子馬上就出來了，這時還可以問問當事者喜歡哪一種說法，不過老師要注意，別讓學生出現「嘲笑或嘲諷」的詞語或句子，務必要及時糾正教導。

姓名雙關語變身相聲對白

相聲不簡單，聽不簡單，說也不簡單，要會寫相聲對白更難了！所以先讓學生學會用自己設計好姓名雙關語的一段文字，讓文字有哏有笑點，再把這段文字變身成對口相聲的對白就簡單多了！

可以先舉個例子，用班上的學生名字來示範，搭配著班級運動會得來的四面錦旗，就來上一段：

星空九族實在太厲害了！運動會拿下一個「冠軍」、二個「亞軍」及一個「季軍」，更厲害的是還擁有一個全校都沒有的⋯⋯

我又故意放慢速度不講了，這時全班異口同聲說出了「曹○鈞」，接著又一陣哈哈大笑。示範結束後，就讓學生登場，設計自己的名字。

第一類：採「姓」同音

今天我吃了許多美食，有「湯圓」、「湯餃」、「湯包」和「湯麵」，但我最愛的還是「湯小瑄」。

第二類：採「最後一字」同音

我口袋裡有好多錢，有 5 元、10 元、50 元、1000 元，還有一個你沒有的「薛小元」。

而原本是學生設計的一個同音句子，可以「加油添醋」一下變成甲乙兩人對口相聲：

甲：我是甲。

乙：我是乙。上臺一鞠躬。

甲：你知道我有很多種錢幣嗎？

乙：還真不知道！

甲：我就給你瞧瞧看，別嚇著啦！

乙：來吧！

甲：（從另一個口袋拿錢出來）你看，有 1 元、5 元、10 元⋯⋯

乙：等等⋯⋯就這些零錢？

甲：當然不是了！還沒拿完，急什麼！

乙：就是急呀，想看你多有錢？

甲：（從另一個口袋拿錢出來）你瞧，100 元、500 元、1000 元⋯⋯

乙：就這樣？我還以為多了不起，這些我都有！

甲：還沒拿完呢，你急什麼？

乙：什麼？還有？臺灣錢幣不就這幾種？

甲：（拍拍自己的胸脯）看清楚啦，我還有一種你們大家都沒有的「薛—小—元」。

甲乙：下臺一鞠躬！

自我介紹九宮格

　　除了名字創意出現外，當然還有其他需要讓別人知道的訊息，透過這些訊息，可以讓他人更進一步的了解、認識你，所以當你要學生或別人自我介紹時，千萬記得要給引導或教學，透過有線索或提示的教學，才能讓學生言之有物，說出有感的自己，讓彼此更進一步的了解對方，並留下深刻的印象。

　　而這些老師可以透過「自我介紹九宮格」讓學生逐一思考寫下來再分享，例如常見的興趣、喜好、專長或個性，或是較特別想說的話或希望期待等等，如此一來，自我介紹才有方向可循，才有內容可說，也才能達到一定的效果與「笑」果。

不論小孩大人，介紹名字是值得投資的大事

　　與其說是自我介紹，倒不如換句話說：如何讓自己的名字被刻在別人心底！以語文為基礎，透過拆字組裝、造詞造句，再加上雙關諧音等語文技巧，快速讓對方記住你，甚至變成你的新稱呼，真的是一件值得你用心投資的「大事」。

　　不只是小孩，其實連大人都需要這樣的功夫，好好趁現在把自己的名字寫下來，想一想、拆一拆、造一造，結合自己的亮點，讓你的名字有全新的解釋與定位，讓你的語文知識可以立即變現，成為可看見的亮點，直接為你自己加分。

　　下次自我介紹時，請試試說出一句被「**別人刻在心底的名字**」，不靠名片也不怕別人忘了你！這件事，絕對值得花時間去設計、投資，因為一輩子都受用。

💡 延伸練習

完成自我介紹九宮格，讓大家更快速認識你吧。

姓名九宮格		
我的家人	我的個性	最愛的運動
最愛的科目	我的姓名	我的興趣
我的專長	想跟大家說的話	升上新年級的期望

請利用文中各種密技來玩玩自己的姓名。讓人把你的名字刻在心底。

姓名	
拆解	
造句	
雙關或諧音	

PART ❷

玩轉成語，
跨域學習
So Easy

成語應用在書寫中，

能使文章變得優美，字字珠璣；

運用在口說上，

能幫助精準表達，使談話簡潔有力。

然而，成語的好處遠遠不只如此。

成語能夠幫助我們認識自己，

拓展對生活的感受，

更是帶領孩子走入典故的絕佳媒介。

chapter 1 從生活中學成語

在日常對話或是寫作中，我們經常會不自覺的用上幾個成語，實在不是愛現愛用，而是某些成語還真的貼切精準，一針見血，甚至習慣成自然了。舉個例子，當我們看到某家擠滿人的打卡網美店時，「人山人海」、「水泄不通」絕對是多數人無須經過思索就脫口而出的成語。而這些都是在強調「情境式」、「脈絡化」、「生活化」的新課綱裡，十分實用的經典成語。但相對的，更多出現在國語課本的成語，塞滿了學生待背誦解釋的清單，過去老師可能要孩子默寫或默背（當然這也是一種教學法，可以讓孩子將成語及其意思牢牢記住），運用在對話或寫作中，讓內容更有看頭，但就怕不用還好，用了卻用錯地方，這樣的失誤不只是小孩，連大人都常犯。

雖然有學者認為「具有歷史典故的才稱為成語」，但現今教育現場，管它具歷史典故還是沒典故的四字語詞，統統都廣義的納入成語圈了。只是這麼多成語，該怎麼教怎麼學？要教哪些？又要學哪些？在在考驗著教學現場的老師與眾多家長。多數老師會從課本生字來延伸成語教學，這算是最經濟實惠，「CP值」最高的教學法之一。而我自己更常合併使用圖像記憶「文轉圖解術」，加上主題式教學，這些「密技」除了能提高學生主動學習成語的動機，更具有跨領域學習的效果喔。

成語好抽象，總是記不住？
善用文轉圖，大腦學更快

　　所謂「文轉圖解術」，是透過引導學生從日常生活或自我經驗中，重新詮釋或翻譯這些成語，也就是用自己的話翻譯得更貼近生活，再用圖畫把文字的意思畫出來，加強理解。利用「文轉圖」進行教學，不但讓課程與作業變有趣，也能將知識活用在生活裡，並且用得更精準，避免誤用而貽笑大方。

✪ 密技示範

舉例生活經驗風

　　當課文中出現成語時，雖然不像文言文艱澀難親近，但還是得大致釋義。老師可以讓學生先從字面去理解或推論，試著用自己的話說說看，然後再參考課本或字典的注釋，接著讓學生用自己的話再說一次，重新釋義，這樣能更完整理解那些在文本中出現的成語。

　　如果能透過日常生活或是親身經歷來解釋成語，會讓學生更有感。當有活生生的例子擺在眼前，學生更能體會成語的意思及使用時機，甚至會有種解鎖超難數學題目後，那種發出的「啊哈！」之感。

　　就拿「未雨綢繆」來說，其實就是要避免「臨時抱佛腳」之憾，這時老師拿出學生考試來當例子解說就對了，最貼近學生的活生生例子

最是有感的，相信不用你解說太多，學生就會自動搶著說著自己因沒「未雨綢繆」而臨時抱佛腳的悲慘經驗，說著說著，未雨綢繆的意思就慢慢浮現出來而懂了。

有感的句子最能打動人心也記憶最久，相信學生以後遇到考試時，會想起老師平時就佛心叮嚀要未雨綢繆的多複習，你說，學生會不理解成語的意思跟用法嗎？

當學生透過日常經驗的幫助，掌握成語的用法後，就可以開始讓他們「自由發揮」囉！從生活經驗、遇過的事件、聽過的故事……各方面都可，看誰最快舉手搶到發言權，請他上臺分享。學生套用的例子愈多，可以思考的向度就愈廣，也能更快掌握成語的用法。

當學生很有感的發表「生活例句」時，老師要適時判斷例子是否正確，如果有「神比喻」出現，當然不能放過，千萬要拿來當「最佳範例」讓其他學生學習；如果是「誤用」，更需要及時「讓學生說」，這個步驟千萬不能省，除了能讓學生的學習應用得更生活化，老師自己也能更好判斷學生學習情況，有時還能意外收穫「更強的神例子」呢。

「說」了這麼多，下一關就換「文轉圖」出馬了，當老師的引導愈多，學生呈現的作業就會愈多元喔。

漫畫圖解原文風

許多成語來自於歷史典故，不管是用單幅或四格漫畫形式都行，圖解這些成語故事的意思，對孩子來說相對簡單也容易掌握，畢竟大家平常就各自畫有一片天了，用自己最拿手的繪畫風格來呈現成語是再適切不過了。

總歸一句，就是用「圖畫」來直接「翻譯」成語就對了。

用驕兵必敗的歷史典故來「文轉圖」翻譯，對這個成語也有了更深的體悟呢。

漫畫圖解生活故事風

這個一樣採用漫畫格式來呈現，不過畫的內容是以自己或上課中學到的例子來呈現，但這些例子就是我們常常說的「例如」，學生透過繪製一個情境或故事來說明這個成語的意思，這是一種學習遷移，更是素養學習，能將所學運用在生活情境中。

總歸一句，就是將生活故事用「圖畫」來「神比喻」成語就對了。

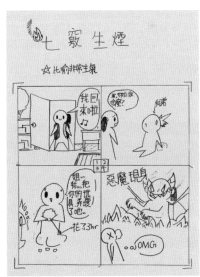

四格情境漫畫一直是學生很愛的文轉圖手法。

就要自己經驗風

　　這是學生將自己的親身經驗用文字說故事的方式呈現出來。請記住這裡沒有原文翻譯，只有「生活故事」，但這些活生生的故事又能很精準的來解釋成語，這跟「漫畫圖解生活故事風」雷同，只是一個用圖畫，一個用文字。

　　總歸一句，就是將生活故事用「文字」來「神比喻」成語就對了。

學生將自己的親身經驗，
轉化成 line 對話來說故事，
精準解釋成語。

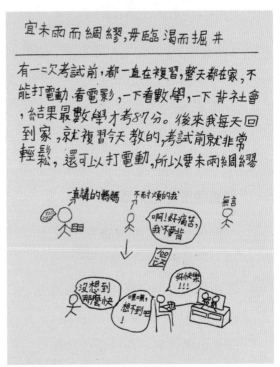

以自己沒準備考試而考差的經驗來反向解說
成語或諺語，這也是一種十分有趣的文轉圖
方式。

口說白話文學風

對於不熟悉或不擅長畫圖的學生來說，則可以用「我手寫我口」的方式來呈現成語，只是用淺顯易懂的白話文來重新翻譯一次，這裡很重要的一點是不抄寫課本或字典裡的「標準翻譯」，而是用自己的白話文來詮釋，如此一來，會對句子有更深的體悟。

總歸一句，就是用「自己的話」來直接「翻譯」成語就對了。

七嘴八舌：
形容滔滔不絕的談論。
例句：上課時，台下的同學七嘴八舌的談笑，讓老師氣得怒髮衝冠。

成語書創作

學生絞盡腦汁，各種神創作後，不能只有你看見對吧！這時就是老師再度出馬的時刻了，不管是影印學生作業，或是請學生重新畫在圖畫紙上都好，最後把全班的成語創作編輯成一本《成語新說》，甚至還可以加上封面、目錄等，裝訂成冊，讓全班都可以閱讀，這也是相互學習的絕佳方式，說不定兩年下來，把全班的作品集結起來，還可以出版成系列呢。

1-2 讓成語更貼近生活
主題式學成語

　　除了由生字延伸學習成語外，在課本或生活中偶會出現一種「主題式」成語，例如數字成語、十二生肖成語、節慶成語等等，讓學生以主題方式學習相關成語，不但容易激發學生主動搜尋動機，也能達到新課綱中強調的「自動好」學習模式，也就是讓學生能自發學習、透過與同學的互動模式達到整組合作學習的良好成效。

　　所以，在遇到有成語的單元時，別再只是讓學生抄抄寫寫了，老師可以利用主題式成語做引導，讓學生帶著主題目標任務，主動搜尋，分類再統整，學生會發現原來成語這麼可愛，好玩到欲罷不能，相信就更願意親近成語喔。

◈ 密技示範

討論成語主題

　　可以讓學生從課文發想，共同討論主題式成語的種類，透過腦力激盪，許多主題都會一一出籠，常見的有動物篇、植物篇、顏色篇、數字篇等等，或是身體篇、好話立志篇、天氣篇、相反字篇。接著讓每一組自由選定自己想要的「主題」進行成語發想，避免重複或雷同，也可以讓主題更多元。

1 望梅止渴	7 花天酒地	13 百花齊放
2 木已成舟	8 花好月圓	14 五花八門
3 草菅人命	9 花容失色	15 拈花惹草
4 草草了事	10 水性楊花	16 心花怒放
5 草木皆兵	11 閉月羞花	17 綠草如茵
6 茶餘飯後	12 花枝招展	18 結草銜環

植物主題的成語發想。

檢視主題並加入任務

每一組確定好主題後，老師先檢視一次，針對主題加入「超級任務」，讓主題更為聚焦，同時增加挑戰度。例如動物主題加入「十二生肖」、數字主題指定「一到十、百、千、萬」、顏色主題加入「彩虹色系」、身體主題加入「從頭到腳」等等。因為加入超級任務，主題更明確，範圍也縮小，學生有更具體的目標，就不會像亂槍打鳥似的胡亂找尋一堆成語。

開始搜尋發想

每一組發空白紙張，讓學生自由發揮，透過自己的方式來呈現找到的成語，老師在過程中則適當的給予建議或提示，協助學生的主題更明確。例如動物主題有很多成語，這一組學生就查了超過 100 個，這

時就該派「分類系統」出馬，除了依照十二生肖分類，也可以把動物分成地上爬的、水裡游的、天上飛的等等，會讓成語變得更系統化。

這樣在大分類中再細分，就像心智圖發想的第一層概念，對學生來說是一個條件，也是一條線索與最終目標，更能激發他們尋找的動力，非得找出這些分類的成語不可，最後也可以利用心智圖來呈現出分類好的主題成語。

水裡游的　　　天上飛的

動物成語

地上跑的　　　地上爬的

將大範圍的主題細分，也可以結合心智圖來分類。

共同學習

待每一組都完成主題成語心智圖後，可以透過小組分享再全班討論，發想是否有更好的分類法，或是針對某一主題成語進行教學。

像數字主題，除了 1 到 10 外，可以挑戰更高難度的兩個數字，從有一跟二的「一心二用」開始、學生立刻就會接「接二連三」、「說三道四」、「四分五裂」，接著「五顏六色」、「七情六慾」，就這樣一路玩到「十拿九穩」，有條件設置就有目標在，成語就能快速入袋，最後老師再針對要補充的，或是學生有興趣的成語進行更深入的教學即可。

主題小書創作

　　課堂創作時間畢竟無法全面顧到，因此在全班共同完成成語書後，老師可以將課程延伸加深，讓學生利用寒暑假，獨力完成一本「主題成語小書」。

　　孩子可選擇自己喜愛的主題，依照自己思考脈絡來分類，老師擔任引導者與建議者的角色，在學生提出主題與心智圖時，給予更多元或不同的切入點，最後讓每個孩子在學校先完成主體成語，將架構定案。

　　接著在假期開始收集成語，利用文轉圖或生活舉例方式來呈現出每個成語的意思，讓成語能真正活用到生活中。開學後當然要來場別開生面的「成語主題書展」，透過書展，互相觀摩學習，一堆成語直接入袋。

不同主題的成語小書，透過舉辦書展，大家還可以交換閱讀，互相激盪靈感呢。

1-3 學一個等於學兩個？
成語裡的相反字

在我們日常生活或對話中，相反字的運用實在太多了，媽媽間對話最常聽到的就是：「我兒好矮，你兒子怎麼這麼高，到底是吃了什麼？」女人間最常的對話：「哇，你最近好瘦喔！我都一直這麼胖⋯⋯」小孩間的下課對話就是：「你遊戲角色很強，我的弱爆了！」

的確，說到相反字，不僅生活中會經常使用在「比較或相對」的情境，在小一階段更是直接出現在國語課本，從簡單的大小、左右、前後、高低開始，到進階版的粗細、香臭、開關、胖瘦，再到高階版的實虛、陰陽、濃淡、盈缺等。透過這些相反字的運用，可以讓人物、物件或情境等的描述更為精準，也容易做比對，就是因為這麼實用且重要，才會在一年級就開始登場亮相。

這些相反字除了兩兩一對出場外，還會偷偷隱藏在成語裡，例如「大」驚「小」怪、「陽」奉「陰」違、空「前」絕「後」、虎「頭」蛇「尾」等；甚至還有更厲害的，一個成語就夾帶著兩組相反字，例如「喜新厭舊」、「外柔內剛」、「出生入死」及「天南地北」等。當這些相反字遇上了成語，不但有了更具象化的對比呈現，也讓這些成語獨樹一格，並產生了趣味性。

不管相反字抑或成語，在國語課都占了不少篇幅與分量，如果能在學相反字的同時一併引進成語，延伸學習；或是在學成語的時候，將這類相反字成語做主題式的學習，都是極具效益且一舉兩得的學習策略。

❖ 密技示範

尋找相反字

　　這種尋找相反字的活動最適合在課堂當破冰活動了，由老師來主持提問，就從最簡單的下手：「左的相反是右，那請問細的相反是什麼？」相信全班會異口同聲說出：「粗！」像這樣跟學生一來一往大戰幾輪之後，就可以開放讓學生自己來挑戰整組相反字了。

　　在全班共同腦力激盪下，只要時間允許，來二、三十組是沒問題的。接著就是整理相反字與補充時間，可以依年段、難易度或使用度，把這些相反字組分類後再教學，或是有些相反字沒現身但卻具重要性，就必須強制它們登臺亮相，介紹給學生。

　　最後記得檢視正確性與通用性，例如「高低」也能是「高矮」、「出入」也可以是「進出」，雖然「進退」是比較多人想到的，但在生活用語上都是經常使用的，就可以同步教學。而這個步驟也就是在為後續的相反詞做準備，畢竟相反詞有更多的選擇性。

成語活動單

　　激盪完相反字，就換成語上場了，老師可以事先設計好相反字成語活動單，將成語中的相反字挖空，讓學生填空：

　　○禮○兵

　　○逸○勞

　　如果遇上比較難的成語也可以選擇提示線索：

　　弄○成○ 【巧 / 拙】

　　捨○逐○ 【本 / 末】

這正也是相反成語的亮點所在，將相反字當成線索，讓學生來推論並學習正確成語。至於活動單是課堂分組完成，或是個人回家挑戰都是不錯的模式，利用分組的集思廣益來共好學習，或是激發個人無限潛能的自我挑戰賽，都能有不同的效益。

當然了，活動單還可以增加一區「自我挑戰區」，學生可以填入活動單之外的相反成語，這就可看出個人的語文程度與學習渴望度了。

急中生成語

相反成語因有其特殊趣味性，當完成後可以透過遊戲來檢視學習成效，可由老師出題搶答，或是學生互相出題競賽，例如：出題「小」，則要能想出含有大小二字的成語，如「大材小用」、「大驚小怪」、「大街小巷」等，題目可從活動單內容開始，也算是一種再次複習概念，最後挑戰無範圍限制。

如果是學生個人競賽，最後還能來個四強決賽，將題目顯示在螢幕上會更具臨場感，也能帶動全班共同學習。

相反字與成語比較起來相對是簡單易學習的，透過相反字當學習成語的線索與介面，成語對學生而言，就不再是不可親近的遠。

相反成語的無限延伸

還有一種相反成語是屬於「語詞本身」的相反意思延伸學習，也就是反義詞。兩個一組的成語，但意思相反，例如「守株待兔」的反義詞是「隨機應變」、「見機行事」；「名列前茅」的反義詞是「名落孫山」或是「榜上無名」；「洛陽紙貴」的反義詞是「乏人問津」。

這是屬於更高階的程度，有些可能連大人都無法在第一時間想出相

反的成語。只是這樣的反義或近義成語也偶會出現在國小階段的課本中，到了國中更如家常便飯般，如能將這類的成語串在一起同步學習就達到知識的融會貫通境界了，學成語也會變得更具意義。

😊 延伸練習

相反字成語學習單

弄（假）成（真）	（　）驚（　）怪	（　）材（　）用
（　）張（　）望	大（　）若（　）	口（　）心（　）
（　）高（　）低	外（　）中（　）	有（　）無（　）
（　）奉（　）違	聚（　）離（　）	歡（　）喜（　）
（　）多（　）少	安（　）攘（　）	虎（　）蛇（　）
（　）題（　）作	七（　）八（　）	面（　）心（　）
（　）肉（　）食	（　）街（　）巷	假（　）濟（　）
（　）顧（　）盼	改（　）歸（　）	汰（　）換（　）
（　）男（　）女	返（　）還（　）	扶（　）攜（　）
（　）斧（　）工	瞻（　）顧（　）	起（　）回（　）
（　）中生（　）	弄（　）成（　）	空（　）絕（　）
☆自我挑戰區☆		

跨領域學成語

　　成語，向來是語文教學上的一顆巨星，從古老的歷史典故開始延伸，一路到現在，許多三字、四字，甚至五字的語詞，統統在成語的世界中各自奔放，也被許多人運用在閱讀、寫作與日常對話中。

　　只是我們都知道，不能夠被實際應用的知識終將被淘汰，唯有真切了解成語意義，並將之活用在生活中或結合至各領域中，才能將之「話」成真實，最終成為最有力量與具體的知識。因此我把原本在語文世界中的成語抽出來，結合到各領域中，發揮更大的文字力量，期盼產生 1+1 大於 2 的效能，讓成語不再枯燥乏味，而是活靈活現的存在我們日常周遭。

　　在〈拆解因數玩成語解謎〉中，成語結合高年級階段最令師生頭痛的因數倍數，希望透過數字成語的巧妙，讓拆解因數變得更趣味化；在〈看三國，學成語〉中，則真真切切結合了最為人熟悉的三國歷史，企圖從人物事件帶出成語，讓學生知道每個簡單成語背後所隱藏的複雜歷史典故，因了解而更能活用之；而在〈瘋運動，用成語〉裡，則是希望精準運用成語來身歷其境，感受運動賽事的精采片刻。

　　準備好在各領域中遇見成語並感受它的力量了嗎？

2-1 跨領域的終極密碼戰
拆解因數玩成語解謎

在國小五上數學，第一個遇到的「超級巨星」應該就是「因數與倍數」，這也是多數高年級學生心中的痛呀！其中的「因數」，學生必須對數字很敏銳，看到一個數，腦中立刻拆解成數種組合的 A×B 模式，這些 A、B，就是所謂的「因數」。

當然，最簡單的入門款因數組合就是 1×【數字本身】，接著就是運用二年級所學的「十十乘法表」來做 A×B 的拆解，其餘就要靠一些技巧與方法快速找到所有因數，相信每個老師都有自己的一套尋找因數教學技巧與策略。

在過去教學中，就有利用「撲克牌撿紅點」的原理來玩因數倍數，這是利用現有的撲克牌，將吃牌方式稍做改變，就能結合因數倍數來玩桌遊的一種遊戲。為了讓學生了解因數是拆解而非「猜解」，善用一些遊戲或桌遊設計，讓學生在了解基本概念後，透過遊戲中特意設定的機制，練習快速拆解出全部因數，再解出謎題，就能讓學生更親近數學。讓尋找因數變身成有趣的解謎遊戲，因為「因數」就是解謎的關鍵！

現在教室裡的教學多強調跨域學習，在學習數學拆解的同時，還可以結合國語來學數字類成語，讓數學拆解與成語解密環環相扣，不但能激發學生的學習動機，更能讓國數教學結合，一併學習到位，讓學生開心「練國數」。

✎ 密技示範

終極密碼戰   ※ 建議搭配動成語牌卡遊戲組

請每個學生隨機取得一個「數字」並寫下（有數字卡就可用發卡牌代替），這個數字可以從課本中隨機找尋，也可以從十十乘法表中的「積」，例如：8、9、15、24、32、36、42、45、54、56 等，以不超過 100 為主，要注意的是，為了讓學生不會拿到所謂的「鬼牌」，也就是只有 1 跟本身兩個因數的數字，我們要先排除所有質數。

當學生每人有一張數字牌後，遊戲就準備開始了。每一局老師都會說一個「終極密碼」，而學生手牌的數字如果有跟終極密碼一樣的因數，就馬上舉手搶答，接著必須立刻說出【手牌數字】=A×B，正確就能得分。

以下舉一個實際範例來了解如何進行遊戲：

假設這一局設定的終極密碼是「6」，一位手中握有數字卡 42 的學生先舉手，並說出「42=6×7」，就能得分。

其他一樣有 6 為因數的 12、24、30、36、54 等數字，都有搶答機會，就看誰拆解最快舉手搶答。當然，拆解錯誤的話就只能將機會讓給別人了。

手牌的因數：1．2．3．⑥．7．14．21．42

這樣的遊戲一堂課可以來個二十局都沒問題，一來不會花費太多時間，二來能讓每個學生都有搶答機會。當然也可以出二位數的終極密碼，例如 13、15、17，讓持有某些數字卡的學生也能有答題機會，如 26、39、51、60 等等。

熟練後更可以來個變形玩法：數字卡由學生自己設計，多數學生就會找有很多因數的數字當自己的卡牌，而屏除「質數」或只有少數因數的數字，這個過程，不也是一種逆向思考的學習嗎？

解謎數字成語

當玩熟「終極密碼戰」後，學生都知道如何拆解搶答，就可以跨域結合語文，畢竟國小階段，導師每天都要「練國數」啊！來個數字成語解謎遊戲絕對是您最佳選擇。

首先，由老師將常見、常用或課本裡有的數字成語找出來，必須包含一到九，如：一字千金、三心二意、丟三落四、入木三分、五湖四海、四分五裂、七情六慾、七嘴八舌、十拿九穩等等，大約找足二十組成語，透過投影當成謎題。其中數字部分記得要挖空，然後請學生每人自己找一個數字當成手牌，開始搶答。（若老師有「動成語牌卡遊戲組」，也可以直接翻拍數字成語牌在課堂上使用喔。）

學生看到投影的題目，必須立刻想出正確成語，同時趕緊拆解自己的數字手牌，看是否有「3」這個因數。這時就看誰知道正解又能最快解謎，也就是看誰最快說出「垂涎三尺」，並將自己的數字牌拆解成3×【某數】，舉手答題，答對即得分。

　　這個解謎遊戲除了要具備基本的成語能力，還需要有拆解因數的能力，正是一種跨領域將國數兩科結合的遊戲，除了增加遊戲樂趣與刺激，也能同時複習數學因數及國語成語。

　　為了避免學生程度不齊的問題，可以視情況先採輪流制，玩過一輪後，接著採團體戰合作的方式來計分，也就是雖然每個學生各自搶答，但分數是整組計算，如此一來，老師也可以透過遊戲檢視每個學生的國數程度。

跨域數學遊戲【心底有數】

　　以下將介紹七種跨領域結合成語與數學的數字成語遊戲玩法，需要搭配「動成語牌卡遊戲組」中的卡片與骰子來進行。

　　進行遊戲會使用到的牌卡配件：

數字成語牌　　特殊數字成語牌　　數字卡

解密卡　　交換卡　　骰子

在了解玩法之前，請老師或是活動帶領者先閱讀以下幾點提醒，才能更有效的運用在教學或活動中喔。

❶ 數字卡可以區分為「質數」與「非質數」，中低年級玩家可以把「質數卡」抽離後再玩；高年級以上玩家可以嘗試加入質數的玩法。但如果遊戲規則只是單純看「數字位置」，就無需屏除質數。

| 質數數字卡 | 奇數數字卡 | 偶數數字卡 |

❷ 遊戲均可依玩家年紀與喜愛，自動轉換數字卡的「拆解方式」。

❸ 成語牌可依玩家年紀，挑選適合該階段的成語來挑戰。

❹ 數字卡可運用在一到六年級各年段的數學教學。

❺ 以下各種遊戲，都可以配合玩家程度，自行改變張數與玩法，使遊戲目的達到最佳化。

❻ 建議玩遊戲前先試玩「數字成語暖身局」，可以讓每個玩家快速了解並熟悉全部成語。

❼ 因為數字成語牌的規畫與撲克牌很類似，玩家也可以將喜歡的撲克牌玩法使用數字成語版來玩玩，也許會有意想不到的學習與遊戲雙效果喔。

玩法 1：數字成語暖身局 ----------------------

玩家人數： 人數不限。

遊戲配件： 全部數字成語牌、骰子。

遊戲目標： 讓每個玩家快速了解並熟悉數字成語。

遊戲準備： 將「數字成語牌」洗牌後，蓋牌堆置在中間。

遊戲玩法：

❶ 擲骰子決定玩家順序，由起始玩家開始翻牌，每次翻一張。

❷ 玩家每翻開一張「成語牌」，就必須在時間內說出完整成語。例如玩家翻出「○顧茅廬」牌，就需說出：「三顧茅廬」，才可獲得該張牌。如玩家舉手搶答卻未能說出正確成語，則由下一家優先搶答，直到有玩家答出正確成語。

❸ 如全數玩家均未能說出正確成語，則將此牌放置棄牌區。

❹ 成語牌翻完則遊戲結束，獲得最多成語牌者獲勝。

❺ 遊戲結束後，玩家可一起將棄牌區的牌卡找出正確成語。

得分！

?
顧
茅
廬

玩法 2：心裡有數 ------------------------------------

玩家人數：4～6人。

遊戲配件：全部數字卡、全部數字成語牌（包括特殊牌）、解密卡 3 張、骰子。

遊戲目標：玩家利用手中的數字卡去吃相對應的數字成語牌，考驗玩家拆解因數的能力與速度，同時提升對成語的熟悉度。

遊戲準備：將「成語牌」洗牌後，蓋牌堆置在中間；將「數字卡 + 解密卡」混在一起洗牌後，每位玩家發 5 張當手牌，其餘蓋牌堆置在中間。

遊戲玩法：

❶ 擲骰子決定玩家順序。由起始玩家擲骰子決定該局玩法，例如擲出「因數分解」，則該局就以因數分解方式來進行遊戲。

❷ 起始玩家翻一張「成語牌」後，所有玩家手中如果有可對應的「數字卡」，就可以搶吃。例如玩家翻出「○顧茅廬」牌，手中有「3」這個因數的數字卡的所有玩家都可以搶，像是 21、9、72 等都可以去搶，先成功出牌對應的玩家獲得該張成語牌。

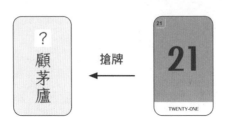

21 的因數是 1、③、7、21，包含 3，所以可以拿去搶牌。

❸ 得牌者將該張成語牌與對應的數字卡堆置在自己面前，並補抽一張「數字卡」當手牌。

❹ 如翻出的成語牌都沒任一玩家可吃牌，可再續翻一張牌，直到有玩家可吃牌。

❺ 當桌上有多張成語牌時，只要玩家手上有相對應的數字卡都可以搶吃。

❻ 當成語牌全數翻完後，且無任一玩家可再吃牌，遊戲結束，各玩家計算成語牌張數，一張 1 分，最多分者獲勝。

❼ 進階計分規則：若計分時有以下幾種狀況可將分數加倍：

① 玩家手中成語牌湊齊「同一數字」四張，則全部分數 ×2。

4×2 ＝ 8 分！

② 玩家手中成語牌湊齊「五張數字連續牌」，則全部分數 ×2。

5×2 ＝ 10 分！

③ 玩家可自行設定加分規則，讓遊戲更刺激好玩！

除了上面示範的因數分解玩法，也可以依玩家學習階段或喜好試試十十乘法跟位數。

標準玩法：【因數分解】吃牌規則

- 數字卡必須用因數分解來拆解，例如「18」的因數有1、2、3、6、9、18，可吃含有「一」、「二」、「三」、「六」、「九」的成語牌。

- 如出現「百」、「千」、「萬」、「特殊牌」成語牌，則可用「100」、「質數」或兩張和為100的數字卡來吃牌，但玩家必須說出正確成語。

- 「特殊成語牌」可用連號吃牌，例如：「推三阻四」也可用「34」來吃牌。

- 解密卡可吃任一張成語牌，但玩家必須說出正確成語才能吃牌。

替換玩法：【十十乘法】吃牌規則

- 將數字卡的數值拆解成十十乘法，例如數字「72」拆解成「8×9」，其餘拆法都不行，就可以搶吃帶有「八」及「九」的成語牌；如果手中數字卡無法拆解成十十乘法中的任何一種組合，則可以拆解成「A×B」，例如數字「38」可以拆解成「2×19」。

- 其餘同標準玩法。

替換玩法：【位數】吃牌規則

- 將數字卡拆解成個位數及十位數，例如數字「27」就拆成2和7，可以吃含有「二」及「七」的成語牌。

- 其餘同標準玩法。

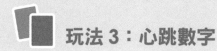

玩法 3：心跳數字

玩家人數： 4～6 人。

遊戲配件： 全部成語牌、1 到 10、100 數字卡、解密卡 1 張、骰子。

遊戲目標： 玩家搶拍成語牌對應該局的心跳數字，考驗玩家眼明手快速度及對成語的熟悉度。

遊戲準備： 將全部成語牌洗牌後蓋牌堆置中間，數字卡也蓋牌堆置中間。

遊戲玩法：

❶ 擲骰子決定玩家順序，由起始玩家翻出該局的心跳數字，例如「8」。若翻到數字「100」，則表示要搶拍有「百」的成語牌，若翻到「解密卡」，則表示要搶拍有「千」以及「萬」的成語牌。

❷ 每位玩家輪流翻一張成語牌，當翻到藏有「八」的成語牌時，例如「〇面玲瓏」、「才高〇斗」或「〇上〇下」，最快搶拍者可以拿走桌上所有累積的成語牌。

❸ 接著由下一位玩家繼續翻出新局的心跳數字，例如「6」。

❹ 當成語牌全部翻完則遊戲結束。玩家計算得分，一張成語牌 1 分，最多分者獲勝。

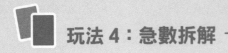

玩法 4：急數拆解

玩家人數：4～6 人。

遊戲配件：全部數字成語牌、全部數字卡、骰子。

遊戲目標：玩家快搶兩張成語牌去吃到相對應的數字卡，考驗玩家拆解數字的能力與速度，同時提升對成語的熟悉度。

遊戲準備：將全部「成語牌」亮牌在桌面，再把全部「數字卡」洗牌後蓋牌堆置中間。

遊戲玩法：

❶ 擲骰子決定玩家順序，由起始玩家開始翻出一張數字卡，例如「16」。

❷ 所有玩家立刻快搶桌面上的成語牌，優先搶到「二、八」或「四、四」，也就是兩張數字相乘為 16 的玩家得分，例如搶到「家徒〇壁」（四）及「〇面楚歌」（四），則可獲得那兩張成語牌。

❸ 如果翻開的數字卡無法拆解成兩個可相乘的數字，例如所有質數，則所有玩家改搶有「一」、「百」、「千」、「萬」、「特殊牌」等任一張成語牌。如桌面上沒有可以搶吃的成語牌，則該張數字卡放置棄牌區，換下一位玩家翻新的數字卡。

❹ 如果翻開的數字卡雖能拆解成兩個可相乘的數字，但數字超過 10，例如「51」拆解成「3×17」，則所有玩家只能搶有「三」的成語牌。

❺ 每個玩家依序輪流翻數字卡，當成語牌搶完，則遊戲結束；如當數字卡翻完，桌面仍有成語牌時，由玩家輪流拿取成語牌並說出正確成語，直到成語牌拿完，遊戲結束。

❻ 玩家計算得分，一張成語牌 1 分，最多分者獲勝。

上述玩法也可以用擲骰子來決定數字拆解方式。

替換玩法：【因數分解】吃牌規則

- 數字卡必須用因數分解來拆解，例如翻出「18」，其因數有 1、2、3、6、9、18，玩家可以各自在規定時間內搶奪一張有「一」、「二」、「三」、「六」、「九」的成語牌。

- 如果出現「質數」，玩家可以各自在規定時間內搶奪一張有「百」、「千」、「萬」、「特殊牌」成語牌。

替換玩法：【位數】吃牌規則

- 將數字卡拆解成個位數及十位數，例如翻出「27」，就拆成 2 和 7，玩家可以各自在規定時間內搶奪一張有「二」或「七」的成語牌。

- 如果出現「質數」，玩家可以各自在規定時間內搶奪一張有「百」、「千」、「萬」、「特殊牌」成語牌。

玩法 5：數字接龍 -

玩家人數：4～6 人。

遊戲配件：全部數字成語牌（不含特殊牌）、解密卡 3 張、交換卡 3 張、骰子。

遊戲目標：玩家將手上的成語牌依數字排列一到十、百、千、萬，考驗玩家對成語的熟悉度以及出牌技巧。

遊戲準備：將所有成語牌、解密卡及交換卡洗牌後，平均發給所有玩家當手牌，由持有「七步成詩」成語牌的玩家開始遊戲。

遊戲玩法：

❶ 起始玩家將「七步成詩」成語牌放在桌面上當作起始點，其他玩家依序輪流出成語牌接龍，可以繼續出「七」的成語牌，也可以就著桌面上現有的牌接續出牌，往上依序接「八、九、十、百、千、萬」，往下接「六、五、四、三、二、一」。

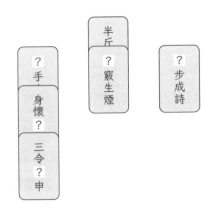

❷ 若手中沒有適合的牌可接，則玩家可以使用「解密卡」PASS，或是使用「指定卡」指定某一玩家接牌，如無任何牌可出，則需要從手牌中選一張蓋牌，放在自己面前。

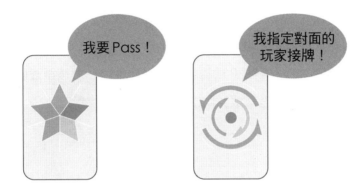

❸ 當全部玩家手中牌出完時，遊戲結束。無蓋牌者或是蓋牌數最少者為最終贏家。

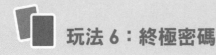

玩法 6：終極密碼 --------------------------------------

玩家人數：4～6 人。

遊戲配件：全部數字成語牌（含特殊成語牌）、10 到 30 的數字卡、解密卡 3 張、骰子。

遊戲目標：玩家累加成語牌的數字來對應該局數字密碼，考驗玩家的膽識，也提升玩家對成語的熟悉度。

遊戲準備：將 10～30 的數字卡洗牌後抽出一張終極密碼，例如數字「26」，再將全部成語牌洗牌後蓋牌堆置中間。

遊戲玩法：

❶ 擲骰子決定玩家順序，由起始玩家開始依序輪流抽取成語牌，一次抽一張。

❷ 玩家每次抽牌都要將手中成語牌上的數字進行累加。

將手中成語牌數字累加：1+3+9=13

❸ 如有玩家在抽牌過程中，抽到的數字卡就已經超過終極密碼，則自爆無法再抽牌，並須將手牌攤開在桌面。

❹ 玩家自行決定何時停止抽「成語牌」，待全部玩家都停止抽牌後，則一起進行開牌，向所有人展示自己的手牌。

❺ 全部玩家將各自的成語牌數字加總後，最接近且不超過「終極密碼」者為最終勝利玩家。

❻ 遊戲可以重複此步驟進行多局。

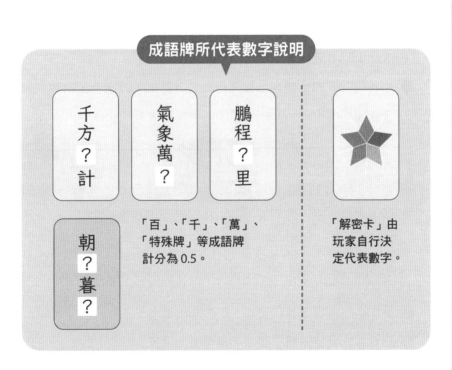

成語牌所代表數字說明

千方？計

氣象萬？

鵬程？里

朝？暮？

「百」、「千」、「萬」、「特殊牌」等成語牌計分為 0.5。

「解密卡」由玩家自行決定代表數字。

玩法 7：忽大忽小 --------------------------------

玩家人數：4～6 人。

遊戲配件：全部數字成語牌（含特殊牌）、解密卡 3 張、骰子。

遊戲目標：利用成語牌與其他玩家比大小，考驗玩家的運氣，也提升玩家對成語的熟悉度。

遊戲準備：將成語牌洗牌後平均分給所有玩家，玩家須將全部手牌的牌面朝下拿在手上，且不能看自己的牌。

遊戲玩法：

❶ 擲骰子決定玩家順序，由起始玩家開始喊比大小，例如玩家喊：「比大」，則每個玩家翻出第一張牌。

❷ 由各玩家互相比牌，由數字最大者為贏家，收走全部的牌，如有玩家出「解密卡」，則可通吃，不論比大或比小。

❸ 依序由玩家喊牌並比大小，直到手牌盡出。

❹ 計算各玩家獲得牌卡張數，最多張為贏家。

💡 同場加映

數字卡在數學課的外掛遊戲

在跨域數學遊戲【心底有數】中使用的 1 到 100 數字卡，除了搭配成語牌玩桌遊外，還可以結合數學教學。

以下介紹十種練習遊戲，老師或家長都可自行運用，甚至轉換玩法到更多數學學習上，讓數字卡成為學數學的超級神隊友！

質數數字卡　　　奇數數字卡　　　偶數數字卡

數字卡的卡面經過特殊設計，用深淺底色區分奇數及偶數，而數字外畫圈，則代表該數字為質數，讓玩家可以「一卡多用途」，直接當成數學教具，依照自己的需求靈活運用，也可以典藏。另外，卡牌的左上角，更是藏了小巧思，特別標注與卡牌同樣的小數字，讓玩家將牌以扇形方式拿在手上時，能夠快速辨識手中掌握了哪些牌。

低年級

外掛指數 ●●●●●

📖 遊戲 1：數字 1 ～ 100 排序與唸法

　　不管是認識 30 以內的數，還是 100 以內的數，都可以讓學生抽卡來認識並讀出正確讀法，例如抽到「26」，就要讀出：「二十六」；反之則可由老師唸出數字，讓學生找出正確數字卡。練習完之後，最後可再將數字卡打散，請學生自行或合力玩數字接龍，從 1 接到 100，了解正確順序並讀出來。

📖 遊戲 2：二個一數

　　有些學生對「二個一數」的概念無法理解，此時就可以將數字卡的奇數與偶數分開，讓學生手持一疊偶數卡，從 2 順著唸到 100，熟悉後再從 100 倒回來唸到 2；而奇數也可以這樣練習，直到學生能熟練的順口唸出各種「二個一數」。當然了，數字卡也能應用在五個一數（5、10、15、20 等）或十個一數（10、20、30 等）的練習上喔。

🎴 遊戲3：認識二位數

透過數字卡讓學生認識「位值」，可以先拿兩張數字卡來全班教學，例如「16 與 61」、「67 與 76」等，讓學生了解位值的概念，然後請學生指出個位數是 6 的卡牌，或十位數是 6 的卡牌。接著請每個學生抽取一張卡牌，讓每個學生分別說出「個位數」與「十位數」，例如抽到數字卡「69」，就要說出：「個位數是 9，十位數是 6」。

熟悉位值概念後，進階玩法可以繼續玩數字的分合，例如抽到「69」，就要能說出是由「6 個十」及「9 個一」組合而成；反過來則是聽到「5 個十」及「8 個一」，就要能找出「58」這張數字卡。

🎴 遊戲4：十十乘法練習

十十乘法是低年級的重點單元，從 2×1=2 一路到 10×10=100 都有，可以將數字卡中的 1 到 10 先抽出來玩，學生任抽兩張牌後要能說出積，例如抽到「6」和「8」能說出「48」。

接著當然要反過來玩，將十十乘法全部的積抽出來玩，讓學生抽取一張牌時能說出是 A×B，例如抽到「72」，就要能說出「8×9」或「9×8」。

下課前五分鐘、改聯絡簿時或任何零碎的時間點都是抽取卡牌練習或挑戰的好時機。甚至老師可以來個「乘法挑戰積分賽」讓學生利用下課時間自動來挑戰，累積積分，至於挑戰方式就由老師自行制定了。

中年級

遊戲 1：認識奇數與偶數

奇偶數看似簡單，卻仍有不少學生常常搞不清楚怎麼判斷。在我們這套數字卡中，已貼心的將奇偶數用顏色區隔，讓學生能夠更直觀的分辨與熟悉奇偶數。

在教完概念後，老師可以讓學生輪流抽卡，請他們立刻說出那張牌是奇數還是偶數，藉此了解學生學習狀況。例如抽到「27」，就要能說出是奇數；抽到「58」就要能說出是偶數。

基本練習結束後，還可接著玩「奇偶數東西軍」，把數字卡中「奇＋偶」組合的卡牌挑出來，尤其是 23、47、18、96、50 等學生較易判斷出錯的數字。請每個學生抽取一張卡牌後，開始讓學生判斷奇偶數來選邊站，最後同時開牌，看看是否有站錯邊的。這時老師可透過許多學生的卡牌，找出奇偶數共同性，就能帶大家再次共同學習與複習了。只要時間充裕多玩幾回，要學生搞不清楚奇偶數都難啊。

兩位數裡有奇數也有偶數的數字，學生最容易搞混，可以加強練習。

　　不管是認識三位數或四位數，學生都要能正確讀出數值並了解意思。老師可以讓學生一次抽出兩張卡，例如「10」及「29」，並請學生將兩張卡並排，形成一個四位數，如果排成「1029」，學生就要能正確讀出「一千零二十九」，如果排成「2910」，則要能唸出「兩千九百一十」。這個玩法還能深入進階，就是引導學生說出「1029」是由一個千、兩個十及九個一組合而成。當然也能反過來玩，老師先唸「一千零二十九」，請學生找出兩張數字卡來正確組合。

=1029（一千零二十九）　　　　　=2910（兩千九百一十）

　　如果是低年級學習 1000 以內的三位數，只要將數字卡分成 1 到 9 及 10 到 99 兩堆卡牌即可。從這兩堆卡中各抽取一張，就能組成一個三位數，接著請學生練習唸出正確數值及位值。

　　那麼到了高年級學習更多位數時，該怎麼運用數字卡輔助練習呢？只要讓學生一次抽取三到四張數字卡，就能組到百萬位數了，透過卡牌擺放在不同位置的變化，就能呈現多組數字，光抽出四張牌就能有十幾種數值出來練習，也可以讓學生親自操作排一排，說不定還能悄悄置入排列與組合的概念呢！

遊戲 3：四位數加減乘除運算

三位數以上的加減乘除，在中年級是必備的基本運算能力，可以透過練習達到精熟，而數字卡就是很好的題庫。先將數字卡分成「A 堆 1 到 9」，及「B 堆 10 到 100」。如果是低年級練習三位數加減，就從 A、B 堆中各抽取兩張卡牌，例如「3」、「8」、「58」、「16」這四張，接著就讓學生自行組合成兩個三位數進行加減運算，如「858+316」、「588+163」、「583+816」、「358+168」等，像這樣只要抽取四張卡牌，就能變化出很多題目來練習加減。

四位數以上的加減乘除，也能用這樣的卡片排列來產出題目，讓學生自己抽牌自己出題再解題，感覺就像闖關，闖過自己的關卡就是種成就感。

遊戲 4：比大小

既然數字卡能玩數值，就也能產出比大小的題目。從低年級的二位數一路比到高年級的多位數，讓學生透過抽卡牌來排列組合，比大或小可以事前告知，如此也考驗著學生是否知道如何排出最大數或最小數。例如抽出「97」、「28」兩張數字卡，如果是比大，就會排出9728；如果是比小，就該排出2897，透過觀察學生的排列，能了解他們是否真的了解比大小是從最高位數開始比起。當然，也能抽牌完先排好序位後，再來決定比大小，增加遊戲教學趣味性喔。

高年級

遊戲 1：因數與倍數

這個單元絕對是數學課的巨星，從國小一路學到國中，可以透過不斷的練習拆解來熟悉。老師可以先將數字卡分成「A 堆 1 到 9」，及「B 堆 10 到 100」，讓學生從 B 堆抽一張牌，例如「36」，接著學生必須從 A 堆中找出是 36 的因數：1、2、3、4、6、9。另一種玩法是從 A、B 堆各抽一張牌，讓學生判斷是否互為因數與倍數，例如抽出「4、50」就無法得分、抽出「6、72」則可以得分。

當然這也跟十十乘法表一樣需要不斷練習，可以適時來個「因數挑戰積分賽」，讓學生透過自主練習來熟悉因數拆解。

遊戲 2：認識質數

數字卡的設計，除了奇偶數用顏色區分外，部分數字卡也有利用設計，巧妙的藏了一組神祕密碼，那就是「質數」。

在因數單元的質因數分解中，這些質數卡就會登場了，所以上完質因數分解後就可以來挑戰找出質因數遊戲了。

首先，將質數卡與其他數字卡分成 A、B 兩堆，接著就可以仿照上述玩法，從 B 堆抽出一張數字卡，例如「42」，再從 A 堆找出 42 的所有質因數：2、3、7。

很多老師會請學生把 100 以內的質數記起來，網路上也有不少質數記憶教學法，再搭配數字卡的質數設計，學生在玩牌過程中，就能對質數有感而記了。

我的遊戲我設計　遊戲名稱：

玩家人數：

遊戲配件：

遊戲目標：

遊戲準備：

遊戲玩法：

2-2

三國英雄的錦囊妙計
看三國，學成語

　　「三國」在歷史上算是個大明星吧！不管漫畫、書籍，或是電視、電影甚至手遊都取材自三國，而三國本身也產出了許多有歷史典故的成語。

　　在國小課本，不管低中高年級也有三國的影子，多是大家耳熟能詳的故事，如〈曹沖秤大象〉、〈空城計〉或是〈火燒連環船〉等。許多知識都要「借力使力」的順道帶出來，因著課文中出現，老師就可以帶著學生快速入門三國，透過深入淺出的故事與野史來引發學生學習興趣，並將語文結合歷史做跨域整合，利用心智圖脈絡思考方式，先把三國位置與主要角色一一帶出場，再繼續向外延伸找出藏在歷史人物與事件中的常見成語。

　　如此一來，學生不但能對三國歷史有基本認識與了解，也能從這些歷史故事中學到許多相關成語與其典故，了解有典故的成語，就更能精準運用在日常生活中。「師父領進門，修行在個人」，帶學生入門三國或任一知識領域後，最大的成就感莫過於學生對此議題產生興趣，引發自己主動搜尋或研究，這才是教學最大的收穫與樂趣。

🔍 密技示範

文轉圖畫三國

先把三國的地理位置與國名搭配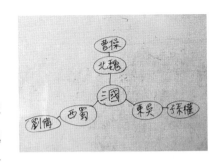
起來，並以關係圖呈現，例如北魏
（表示位在北方的魏）、東吳與西
蜀；接著找出三國的「王」與「軍師」：北魏曹操牽著司馬懿出場、
東吳孫權領著周瑜出場、西蜀劉備如魚得水的與諸葛孔明雙雙進場。
基本上，光這六個大明星就有很多歷史典故與成語可以說了。

接著還可以繼續從主角向外延伸各自的「星二代」，如曹操的曹丕、
曹植與曹沖；司馬懿的司馬師和司馬昭到孫子司馬炎，還有劉備被誤
會很笨的兒子──扶不起的劉禪阿斗，抑或加個孫權的好兄弟孫策，
像這樣把關係圖拉出來，人物已經超過十個啦！

開始講古

接著就是講古時間啦！其實大家較熟悉的是劉備與諸葛孔明這一條
線，什麼空城計、借東風、借箭的或是桃園三結義，都是孩子比較熟
悉的故事，課文中出現的也多是這一條線的故事。

當然曹操這一條線也不少，課文就有聰明曹沖的秤大象故事，或是
才高八斗、七步成詩的曹植。另一方面的孫權周瑜這條線就少了，多
是搭著諸葛孔明一起出場的「既生瑜，何生亮」的配角。老師可以挑
選幾個簡易的故事來講古即可。

低中高年級其實都已經有學生自主研究三國或是看過三國，所以老
師可以試著開放讓學生「上臺講古」，也練習口語。

尋找故事中的成語

其實許多三國故事都是成語的典故來源，當老師在講古時，就可以順便帶出大家比較耳熟能詳的成語，接著依人物順序開始找出與這個人物有關的成語。低年級只要補充幾個即可，中年級可以擴展到 20 個都行，至於高年級則可以讓學生上來填填樂一下，由學生自發主動的尋找成語，最後老師再篩選適合此階段學習的內容。

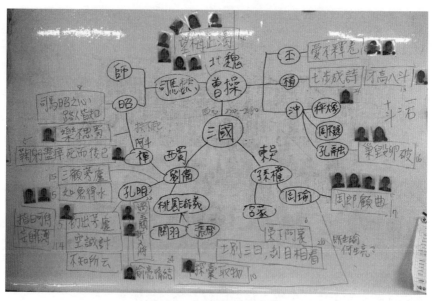

老師只要簡單畫出三國心智圖的第一層主幹，學生們立刻七嘴八舌，一下就把白板填滿了呢。

判斷成語受歡迎程度

當成語心智圖完成後，老師可以先觀察全班學生對每一個成語的熟悉度與認識度，愈多人知道的成語，表示相對的簡單或較高的使用度；如果只有一半或更少的人知道或看過這個成語，老師就可以列為教學重點來教，或是剔除暫時不教。

文轉圖畫成語

在完成三國成語心智圖後，下半場就是如何讓學生了解成語意思並應用。這個步驟在三國成語中比較簡單，因為在講故事時其實就會連帶說明成語典故與意義了。可以讓每個學生挑選一個成語來玩「文轉圖」，用自己的方式說明成語意思，並利用此成語造出一個完整的句子或補充出處，全班收集起來就有二十幾個成語句子與用法。

將「三顧茅廬」的故事典故，以文轉圖方式畫成四格漫畫，還有造句呢！

變身三國成語小書

學生的成語作品當然可以貼在教室布告欄互相觀摩，老師也可以將這些作品集結成冊變身小書，做個封面封底、打上目錄，就成了一本名副其實的《三國成語》，讓學生依序傳閱或帶回家與爸媽共讀。

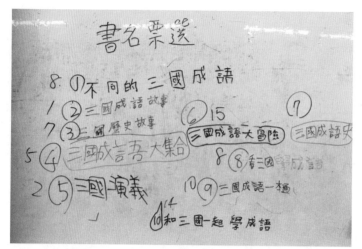

書名發想後經票選出最後書名定案。

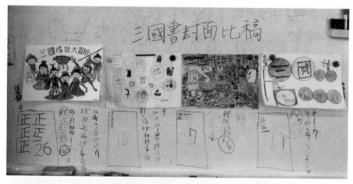

封面設計也要經過激烈的比稿過程。

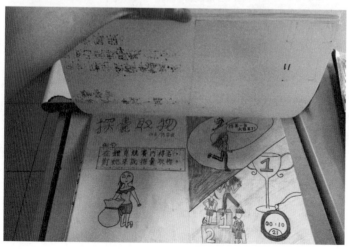

化身為一本成語小書,學生就可以傳閱,爸媽也可以共讀喔。

◎ 延伸練習

　　讓學習繼續延伸，老師可以派個主題成語當成學生任務，爸媽在家也能如法炮製，帶著孩子選一個有興趣的主題，利用心智圖發想出許多相關的成語，相信有更多趣味十足的主題等著親子共同發掘並玩樂。

如何變身小書 5 步驟

1. **書名發想**：讓學生自由發想並經過票選選出大家的書名。

2. **封面封底設計**：依據書名，讓學生自由參加封面設計，接著再來比稿，選出封面（最高票）及封底（次高票），另外老師也可以斟酌將其他作品放入當內頁或是扉頁。

3. **心智圖當目錄**：將成語心智圖變裝成目錄，讓閱讀者更容易入門。

4. **裝訂成書**：老師可自行裝訂或是拿到外面印刷廠裝訂更有質感。

5. **共書傳閱**：將書放入夾鏈袋中，依序傳閱。也可以加個回饋單或是意見單讓學生或家長來填寫。

2-3 「奧」視群雄，賽出精采
瘋運動，用成語

　　記得小時候，大家會熬夜守在電視前為中華棒球隊加油；現在遇到重大運動賽事，無論是那年暑假的東奧、中日韓廝殺的經典棒球賽、瓊斯盃籃球賽，或是眾星雲集的世界盃足球賽，都會有一股全民瘋運動的風潮席捲臺灣各地。不管是長期關注體育的運動迷或是跟風的一日迷，大家的目標都「有志一同」，守在電視機螢幕前，為臺灣國手或自己喜愛的球隊「奮力一搏」的精采賽事而「搖旗吶喊」著。

　　就拿「2020 東京奧運」來說，在疫情的劣勢下舉辦，但卻意外掀起臺灣人的熱情，我想不是因為疫情，而是選手們精湛的技能與高尚的品德，不管讓贏的對手對我們球員的表現「刮目相看」，或讓輸的人也能為我們真心加油，這都是一場場英雄惜英雄的精采對決。

　　尤其看到印度好手辛度對小戴的「心心相惜」，或是德國桌球名將對小林同學的「讚譽有加」，都能看見東奧上人性最美好的一面。臺灣在此次賽事進帳超過十面獎牌，是歷年最佳成績，用「歡欣鼓舞」與「舉國歡騰」來形容絕不為過。

　　未來還會有更多運動賽事，更多精采賽事轉播，如果我們能乘著這一股股運動風潮，同步學習並更新腦中的運動相關成語，相信看完一場場精采絕倫的賽事後，運動成語量也能跟著提升，甚至內化成日常習慣喔。

💡 密技示範

球評善用成語，更精準講評

2021 年的夏天，我們一家看著螢幕轉播著小林同學的銅牌爭奪戰、小戴的金牌戰還有麟洋聖笠的奪金賽，每一球的過程都令人「血脈賁張」，不僅球評邊轉播邊評論，拉著兒子一起看賽的我也跟著在沙發上轉播起來。這時我突然發覺，一些球評會開始用「成語」來講評球賽過程，例如小戴對上泰國好友伊瑟農時，第一局處於落後局面，這時球評就會以「緊追不捨」來形容小戴一球一球追上來的過程；等到追平了，就說她「後來居上」，最後不用我說了，全臺灣人在那一刻都集氣小戴能「反敗為勝」。

等第二局一開始，小戴一上場就先拿下第一球，這時我對著一旁的兒子脫口而出：「先馳得點啦！」然後解釋先拿下第一分的人，就可以說他「先馳得點」。

果然在全臺灣人集氣下，小戴贏了第二局，要進入第三局，最終「技高一籌」拿下關鍵一局進到四強，留下這場號稱史詩級的精采球賽。

雖然最後小戴在「眾所矚目」的金牌戰中「銀」得這場球賽，但她「永不放棄」的精神，一樣擄獲了全臺灣人的心。

球賽真實情境帶入，用成語才有感

看到小戴進入四強後，我稍微平復了興奮的情緒，轉頭跟兒子說，這真是一場「勢均力敵」的球賽，小戴一開始「居於劣勢」，但過程中「奮起直追」到最後小戴在第三局「一鼓作氣」後「反敗為勝」，真是太經典了！

形容的過程中，我借用了「球賽的真實情境」來帶入成語，透過賽事的過程與結果，不知不覺就脫口而出，置入不少成語，讓孩子可以透過真實情境了解成語正確的使用時機，不用再死背硬記成語解釋，甚至發生更可怕的悲劇：就算背熟了成語還誤用就虧很大啦！

除了運動規則，精準置入成語

在觀賞精采東奧的同時，球評精準的善用成語，是一種反射動作，許多常用成語會在某些情境下就脫口而出，這不就是最好的素養教學嗎？在真實情境下，運用所學來表達所感。

在親子一同觀賞各種賽事的同時，除了講解規則外，適時的運用成語來更精準表達當時的賽況，也更能呈現賽事的精采過程與結果。以幾場令人印象深刻的東奧賽事來舉例：

受到臺灣注目的「麟洋聖筊」決賽中，麟洋兩人「勢如破竹」、「銳不可當」、「一路領先」，最後「技高一籌」，「大獲全勝」。

小林同學在銅牌戰中雖然以 3：4 輸了，但最終的評價都是以「雖敗猶榮」、「後生可畏」來形容年僅 19 歲的小林同學。

射箭好手湯包一路射進個人賽四強，過程中他「屏氣凝神」，「全神貫注」，射下南韓金牌好手，不僅他如此，連電視機前面的我都跟著「屏氣凝神」起來，不敢呼吸的等待十分靶心呀！

舉重好手郭婞淳一路領先到最終，沒有人可以是她的對手，根本是「所向無敵」、「技壓群雄」，對於金牌也是「穩操勝算」、「勝券在握」，甚至還一度挑戰世界紀錄，雖然最後在微笑中笑看失敗。

💡 延伸練習

善用心智圖，跟孩子玩成語

成語除了搭配賽事置入對話中外，也可以在觀看後，讓孩子自己透過心智圖去聯想，將可以運用在比賽的成語一一聯想並自己整理出來，可以從「選手比賽」以及「觀眾觀賽」的二大面向去思考。當然了，如果孩子有自己的思考路徑會是更棒的選擇。以下是一張以「選手比賽」的視角去發展的心智圖：

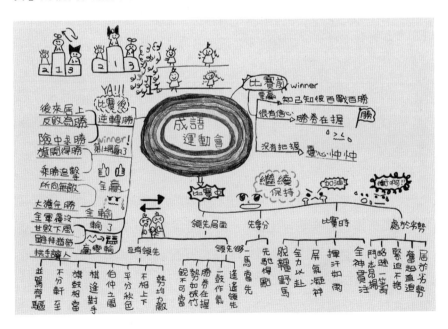

3 從成語認識自己

　　每個人都有屬於自己的身體，但多少人真正了解它、懂它？不管是身體本身的任何一個器官，或是隱藏在內部看不見卻真實感受到的情緒，都是我們的身體一部分，只有用心感受才能真正掌握。

　　身體，向來是最個人最隱私也最需要保護的，近幾年身體界線觀念抬頭，大眾在乎的不再只是過去的「隱私三點」，而是涵蓋了整個身體，從頭到腳的每一個部位，都是需要被尊重及保護。而成語中，就有許多器官隱藏其中，無論是外在的四肢、五官或軀幹，或是內部的心、肺、肝、膽、腸等，都能找到相對應的成語，如果能讓孩子在學成語的同時，一併認識身體器官，並了解各器官名稱，同時理解到身體界線的重要，尊重他人並保護自我，讓身體不受他人侵犯。

　　另外，除了看得見的身體器官外，摸不著的情緒也屬於身體的一部分，更是近幾年與身體界線一樣受到重視的議題。如何確切表達自我情緒並同理他人，讓人際關係更為和諧，就更顯重要。

　　因此，透過情緒成語的主題，讓學生分辨正負面情緒，了解當情緒處在喜怒哀樂不同狀態時，如何善用成語，精準表達自我感受，讓他人了解並同理。身體，離我們好近，你準備好要好好感受它的存在了嗎？

3-1 從「頭」玩到「腳」
全身上下都能玩成語

　　身體，應該是每個人最親近也最熟悉的朋友了，更是日常祝福詞中經常出現，動不動就伴隨問候來個「祝您身體健康」，重要性不言可喻。

　　從外觀上，身體可分成三大部位，分別是頭部、四肢及軀幹，靈魂之窗的眼、口說好話的嘴、嗅到美食佳餚的鼻或是耳、髮、額、頸都屬於頭部；萬能的雙手與行萬里路的雙腳當然就是四肢了，這四肢又可以細分指、掌、膝、臂等部位；而軀幹則包含了常常讓人恨得牙癢癢的腰痠背痛、令人難過的胸口鬱悶、讓人開心的捧腹大笑，還有現代人扛著壓力山大的肩呀！

　　認識並了解身體每個部位有其重要性，至少孩子都要能知道並能說出各部位名稱，萬一哪裡受傷哪裡痛才能說清楚講明白，不至於讓人聽得一頭霧水。

　　而說到身體，在成語世界中其實就有許多帶有身體器官，無論是外在看得見或是內部摸不著的，如掩「耳」盜鈴、「指」鹿為馬、「胸」有成竹等外在器官或部位；或是「心」血來潮、牽「腸」掛肚、明目張「膽」等內部器官。

　　這些原本散亂在腦中各處的身體成語，如果透過系統分類與連結思考，讓學生從頭開始，有次序的一路玩到腳，一堆身體成語就能一一現身歸位，在學習的過程中，不但認識了身體各部位器官，也同步將整個身體的成語一把抓，輕鬆就將自然與語文做了完美結合。

🔑 密技示範

激發想像力

　　以身體為主題的成語不少，老師當然就是學生的靈感激發器或引導者，例如我會對學生說：「不是有一首英文兒歌，邊唱邊用手從頭開始摸起，或許成語也能比照辦理，從頭開始想到腳、還能繼續延伸從外想到內喔。」學生們一聽，立刻動腦思考，還有人馬上在紙上畫出一個人型，開始從「頭」查成語，一路查到「腳」，連頭髮都不放過呢。

　　曾經有學生畫完對我說：「老師，這好像畫心智圖，每個器官標示出來後都延伸出來相對應的身體成語！」我聽了只能暗自竊喜，平日的教學果真沒白費，連成語也能應用心智圖來聯想！

　　當然了，此刻要繼續把握難得機會，啟動下一波靈感激發器：「除了從頭到腳，還能從外到裡喔！心、肝、肺、腸都可以找一遍。」就像這樣，老師的小小引導，在教室都能成為學生大大靈感的來源。

全班腦力激盪

　　主題成語非常適合師生一起玩腦力激盪，老師擔任出題者，帶著跟全班一起玩。以「身體主題」為例，從頭上的「髮」開始玩起，這時，學生通常會馬上七嘴八舌的說出「千鈞一髮」、「怒髮衝冠」、「令人髮指」等常用的相關成語，接著將目標往下來到「頭」，就會出現「頭頭是道」、「昏頭轉向」等有「頭」的成語；再來還有許多器官可供發想，例如眉、眼、鼻、耳、口、齒、脣、頸……光是「頭部」，就能集思廣益，蹦出好幾十個成語來。

頭部玩完後，緊接著來到了肩、背、腰、股到四肢，就這樣一路玩到「腳」的「腳踏實地」或「一失足成千古恨」！看看，光一個器官或部位搭配一個成語，輕輕鬆鬆就幾十個入袋了，更何況大部分器官可聯想到的成語不只一個呢。

在學生共同發想的過程中，老師可讓學生將比較常用的成語先寫在白板上，結束後就針對這些成語來教學，也可以來個「成語認識度調查」，看看哪些成語是學生熟悉或常見的，哪些是他們不明白意思的。像這樣從調查結果來切入教學點，也是一種很好教學策略，能夠精準補強學生知識點的不足。

身體成語心智圖展開

課堂腦力激盪後，當然要補上一張身體成語心智圖當回家挑戰了，我請了班上愛畫畫的學生畫出了人體模特兒，再畫線標出所有的器官所在。

身體成語可依不同學年，選擇不同玩法，同樣一張身體成語心智圖，低年級版讓學生填入器官名稱即可，例如：掩＿盜鈴的【耳】、＿有成竹的【胸】；中年級版則只需要給各器官提示，讓學生自己找到相對應成語，例如：【鼻】→嗤之以鼻、【腰】→腰纏萬貫。

到了高年級，甚至可以跨域結合自然科，連身體器官都不提示，讓學生自己填入器官名稱與相對應成語，不過針對比較難分辨的器官，老師還是可以適當給予提示，例如：腳、足、踝等，有的學生可能依然不知道要從何寫起，這時就可以直接指定器官，讓學生找相對應的成語即可。

身體成語心智圖

💡 延伸練習
跨域自然遊戲【大顯身手】

　　以下將介紹七種身體成語遊戲玩法，需要搭配「動成語牌卡遊戲組」中的卡片與骰子來進行。

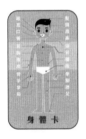
身體卡

器官卡（頭部）

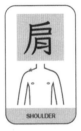
器官卡（軀幹）

器官卡（四肢）

交換卡

身體成語牌
（頭部）

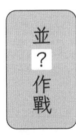
身體成語牌
（軀幹）

身體成語牌
（四肢）

解密卡

骰子

在了解玩法之前，請老師或是活動帶領者先閱讀以下幾點提醒，才能更有效的運用在教學或活動中喔。

① 身體成語牌一共有「頭部、軀幹、四肢」三大類，每類有 32 張，以顏色區分，總共 96 張。玩家可以分別就三類先進行「身體成語暖身局」，了解並熟悉正確成語及分類。

② 可從身體成語牌中依玩家年紀，挑選適合該階段的成語來挑戰。

③ 器官卡可單獨用在一到六年級各年段的生活領域、自然、健康議題教學。

④ 以下各種遊戲，都可以配合玩家程度，自行改變張數與玩法，使遊戲目的達到最佳化。

⑤ 每張器官卡都各自對應 4 張成語牌，玩家或是帶領者可以多加利用這套牌卡的特殊設計，思考屬於自己的成語遊戲喔。

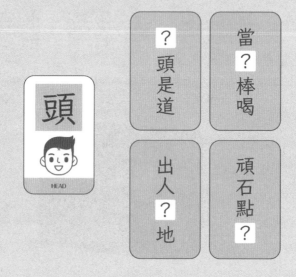

玩法 1：身體成語暖身局 -

玩家人數：人數不限。

遊戲配件：全部身體成語牌、骰子。

遊戲目標：讓每個玩家快速了解並熟悉身體成語。

遊戲準備：將所有「身體成語牌」洗牌後，蓋牌堆置在中間。

遊戲玩法：

❶ 擲骰子決定玩家順序，由起始玩家開始翻牌，每次翻一張。

❷ 玩家每翻開一張「成語牌」，就必須在時間內說出完整成語。例如玩家翻出「〇熟能詳」牌，就需說出：「耳熟能詳」，才可獲得該張牌。如玩家舉手搶答卻未能說出正確成語，則由下一家優先搶答，直到有玩家答出正確成語。

❸ 如全數玩家均未能說出正確成語，則將此牌放置棄牌區。

❹ 成語牌翻完則遊戲結束，獲得最多成語牌者獲勝。

❺ 若覺得 96 張過多，可從三大類中擇其中一種進行暖身即可。

❻ 玩家可共同將棄牌區的牌找出正確成語。

耳熟能詳

？
熟
能
詳

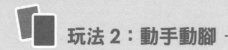

玩法 2：動手動腳

玩家人數：4～8 人。

遊戲配件：全部器官卡、全部身體成語牌、骰子。

遊戲目標：玩家透過肢體動作快速完成成語牌的指令，以達到熟悉正確成語及器官正確位置。

遊戲準備：玩家先將「成語牌」洗牌後蓋牌堆置中間，再將「器官卡」洗牌後，平均發給每個玩家，當作自己手中的底牌，各玩家互不知彼此底牌。

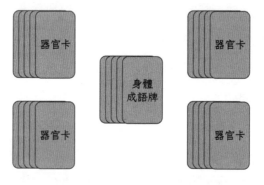

遊戲玩法：

❶ 擲骰子決定玩家順序，由起始玩家開始，翻出一張「身體成語牌」。

❷ 每個玩家都要根據翻出的成語牌，立刻指出牌中缺少的「器官」。例如翻出「怒○衝冠」，挖空的○為「髮」，則所有玩家必須快速用手指到自己的「頭髮」。

❸ 每一局由翻牌者擔任觀察員，第一個指出正確器官的玩家獲得該張「成語牌」。如果該玩家手中的底牌也有「髮」，則可拿出來與之配成一對。

④ 重複前面的步驟，每位玩家依序輪流翻出「成語牌」，當有玩家手中底牌都配對成功，或是桌上的成語牌翻完，則遊戲結束，計算得分。

⑤ 成語牌一張 1 分，與底牌完成配對的則分數×2。例如手中底牌有「胸」，也搶到成語牌「○有成竹」，則完成配對，可得 2 分。分數最高者為最終勝利玩家。

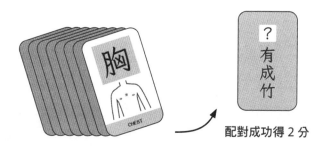

提醒：如果玩家對成語不是很熟悉，也可以先從基礎版玩起，依三大類分開玩，一局玩一種類別，對玩家也會是一種提示作用，等三大類都熟悉後再混合一起玩。

玩法 3：東拼西湊 --

玩家人數：4人。

遊戲配件：全部身體成語牌、交換卡 3 張、身體卡 4 張、骰子。

遊戲目標：玩家收集身體器官三大類中的某一整組成語牌，達到認
識並了解身體器官分類，同時也提升成語的熟悉度。

遊戲準備：所有玩家先一起閱讀「身體成語牌」，了解三大類器官
中各有哪些成語。將成語牌洗牌後，每位玩家發七張當作手牌，其
餘蓋牌堆置中間。

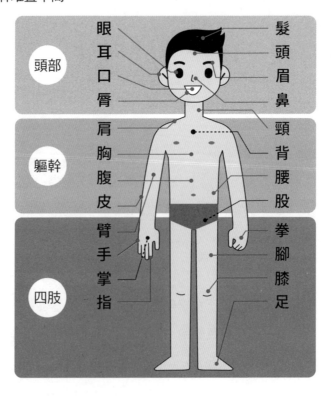

遊戲玩法：

❶ 每位玩家先檢視手中底牌來決定自己要收集身體三大類器官中的哪一類，每個人想要收集的類別可能會不同。

❷ 擲骰子決定玩家順序，由起始玩家翻一張牌收做自己的手牌，再丟出一張不需要的手牌，手牌務必一進一出，維持七張在手中。

❸ 丟出的成語牌只有下一個玩家可以吃牌，如果選擇吃牌就不可再翻牌，而且也要從手牌中丟出一張不需要的牌到桌面上。

❹ 當其中一位玩家只剩一張牌就能收集齊整套器官時，需喊：「動成語！」告知其他玩家。

❺ 當玩家透過翻牌或吃牌，收集齊某一大類器官的整套八張成語牌時，則為該局贏家。

❻ 若玩家手中有「交換卡」，可以視為任一器官，幫助加速集齊同類器官成語牌。

使用交換卡代替「脣」類成語牌，集齊「頭部」的八張成語牌。

❼ 當成語牌全數翻完但無玩家收集完成，則以「收集最多張同類器官」的玩家獲勝。

玩法 4：眼明手快 ------------------------------------

玩家人數：4～6 人。

遊戲配件：全部器官卡、全部身體成語牌、交換卡 3 張、骰子。

遊戲目標：玩家要搶拍與器官卡底牌相對應的成語牌，考驗玩家的眼明手快速度並熟悉各類正確成語。

遊戲準備：將全部器官卡依三大類分成三堆，分別洗牌後蓋牌，三堆分別堆置在桌上與三堆身體成語牌相對應的位置，每一類成語牌堆中均隨機插入一張交換卡。

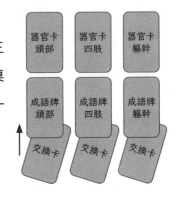

遊戲玩法：

❶ 擲骰子決定玩家順序，由起始玩家擲骰子決定這局要玩哪類器官，並隨機抽取一張該局的器官底牌，例如擲出「四肢」類，就從四肢類的器官卡堆中，抽出一張「指」當底牌。

❷ 每一個玩家依序輪流從「成語牌」堆中翻一張牌，當有玩家翻到有「指」的成語牌如「○鹿為馬」、「○日可待」或「交換卡」，最快搶拍者可以拿走桌上所有已翻開的累加成語牌。

❸ 接著由第二順位的玩家繼續擲骰子決定器官類型，決定好後抽一張出來為該局新的器官底牌，例如「軀幹」類的「胸」。

❹ 遊戲重複以上步驟，當成語牌翻完則遊戲結束，計算得分，一張成語牌 1 分，最多分者獲勝。

玩法 5：身體接龍 ------------------------------------

玩家人數： 4 人。

遊戲配件： 全部成語牌、全部器官卡、骰子。

遊戲目標： 玩家將手上成語牌接龍到對應的器官卡，提升對成語的熟悉度也考驗玩家出牌技巧。

遊戲準備： 由任一玩家擲骰子決定當局要玩哪一類器官，例如擲出「頭」，就挑出「頭部」全部成語牌及器官卡，洗牌後平均發給玩家。

遊戲玩法：

❶ 由第一個玩家開始出牌，只能出器官卡的任一張，例如「眉」，如手中沒有任何一張器官卡，則從手牌中選一張蓋牌。

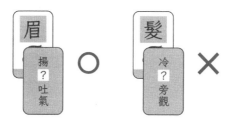

❷ 第二位玩家開始可以自由選擇出牌種類，可以出有「眉」的成語牌來接龍，也可以出其他器官卡。

❸ 每位玩家只要手上還有器官卡，就不能選擇蓋牌，一定要出。

❹ 當所有玩家將手牌出完，則遊戲結束，沒有蓋牌者獲得 1 分，有蓋牌者則每張蓋牌扣 1 分。

❺ 玩家可依序分三局進行遊戲，將三大類玩完再累計總分。

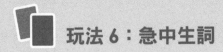

玩法6：急中生詞

玩家人數：4～6人。

遊戲配件：全部身體成語牌、全部器官卡、骰子。

遊戲目標：玩家看到器官卡需說出一個有該器官的成語，並收集整套器官，過程中熟悉正確成語及身體三大分類。

遊戲準備：將全部器官卡與成語牌分別洗牌後，蓋牌疊成六堆，器官卡放置在上方，成語牌放置在下方。

遊戲玩法：

❶ 擲骰子決定玩家順序，由起始玩家擲骰子決定要挑戰哪一類器官，並翻出該類器官卡。例如擲出「頭部」，則從「頭部」牌堆翻一張器官卡。

❷ 玩家每次翻出一張器官卡後，就必須在時限內說出一個相對應的

成語，時限可由所有玩家共同決定，或是設定為 5 秒。例如翻出「耳」，就要能夠立刻說出有「耳」的成語，像是「面紅耳赤」，則算過關。

❸ 若喊出的成語該回合已經有人喊過，則未算過關。每輪須把抽出來的器官卡放回該類的最底部。

❹ 玩家每次過關都可以抽選一張同類的成語牌當作得分。例如成功答出「面紅耳赤」，就可以從「頭部」的成語牌中抽選一張。

❺ 當有一組成語牌被全部拿完，則遊戲結束，若有玩家手中的成語牌可集齊某一類器官，則為最終勝利玩家，若無玩家集齊，則以有最多成語牌者為最終勝利玩家。

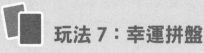

玩法 7：幸運拼盤

玩家人數：4～6人。

遊戲配件：全部身體成語牌、全部器官卡、骰子。

遊戲目標：玩家找到成語牌對應該局的器官密碼，除了玩家的幸運度，也考驗對成語的熟悉度。

遊戲準備：由任一玩家擲骰子決定當局要玩的一類器官，例如擲出「頭」，將「頭部」全部成語牌洗牌，牌面朝下，排成 8×4 的牌面。

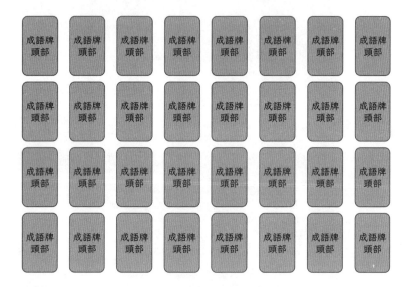

遊戲玩法：

❶ 擲骰子決定玩家順序，由起始玩家將「頭部」器官卡洗牌後，抽取一張當成該回合的「關鍵密碼」，例如「耳」，將字面朝上，放在所有玩家中間。

❷ 玩家輪流，每人每次翻開兩張成語牌，只要翻出的成語牌可以對應到該局的「關鍵密碼」，即可獲得該成語牌，例如翻出「洗○恭聽」，就可以對應到「耳」。如翻出的牌無法對應「關鍵密碼」，玩家必須說出該張牌的完整成語，才可獲取該張成語牌。

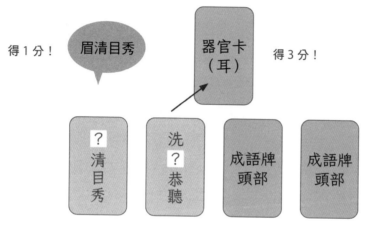

❸ 如果玩家說錯成語，則下一家玩家可以搶答，回答正確就可奪取該成語牌。因為計分方式不同，不同方式獲得的成語牌，記得分開擺放。

❹ 當可對應該局「關鍵密碼」的四張成語牌均被拿走時，則該局遊戲結束。

❺ 接著重複上述步驟，把「四肢」及「軀幹」類都玩一局。當三大類都玩完後，玩家各自計算手中的成語牌，成功對應關鍵密碼的成語牌為 3 分，其餘成語牌為 1 分，最多分者為最終勝利玩家。

我的遊戲我設計　遊戲名稱：

玩家人數：

遊戲配件：

遊戲目標：

遊戲準備：

遊戲玩法：

3-2 身體界線要守好 做自己身體的主人！

「老師，我們在玩的時候，他摸到我屁股！好噁心喔！」、「老師，下課我不跟他玩，他就一直抱住我！很討厭！」、「老師，他走過我身邊，碰到我胸部……」這類告狀（投訴）在近幾年的教育現場屢見不鮮。其實，這種看似小孩間的玩樂，都已經越過了人與人之間的身體界線了，也有構成性騷擾的可能性，甚至必要時都要召開性別平等會議，小小動作卻藏著不可忽視的嚴重性啊！

走出教育現場，社會新聞上的性騷擾或性侵害事件更是頻傳，各地的「#meeto」都是受害者在長大後創傷未平的怒吼，連影劇明星也都難逃這樣的傷害，更何況是反抗力極弱的學生。

近幾年「身體界線」一詞在教育現場一再被提起，要求重視，因為太多的性騷擾甚至性侵害都來自熟悉的大人或同學間看似玩笑的言行，導致許多學生身心受創，甚至產生無可彌補的遺憾。

因此，從一年級就開始將「身體界線」、「身體自主權」的觀念教導給孩子，透過教學活動，讓孩子知道並了解，希望每個孩子從小就建立起正確觀念，懂得保護自己並做自己身體的主人，同時也要尊重他人而不做侵犯之行為。

🔑 密技示範

了解身體界線

要保護自己就要先懂得何謂「身體界線」，也就是指每個人「能夠被別人觸碰、接觸身體的最大限定」。身體界線的限度因人而異，有的人公開區大，可以輕易與人擁抱、勾肩搭背，但有些人需保持一點距離，連手都不可碰觸。這沒有所謂的對錯，重點在於個人感受，當自己感到不舒服、不自在時，就是別人越過了你的「身體界線」了。

知道何謂身體界線後，學生才能清楚如何界定自己的界限，讓自己擁有身體自主權而不被他人隨意侵犯。

身體界線紅綠燈

現場教師常常使用貼貼紙或塗色遊戲，來帶領學生了解如何保護自我身體，貼紅色貼紙的地方表示不可以讓人觸碰，貼綠色表示可以接受別人觸碰。

還記得在介紹「身體成語」時，我們將身體分成三大部分：頭部、四肢及軀幹，如果按這樣的分類法來解說身體界線，那麼四肢就是多數人認定可以讓人觸碰到的公開區；頭部則是屬於較親密的家人或朋友可以觸摸的區域；而軀幹則是多數人認定完全不可觸碰到的隱私區，因為這裡包含了胸部、私密處等。

當然這只是個大致上分類，每個人的身體界線就是不同，所以讓學生透過貼紙或塗色來認定自己的各種區域，經過實際操作，學生會更清楚自己的界限在哪，也知道該如何保護自己的隱私區。

分享自己的身體界線

在學生貼完後，可以發現每一個人的身體界線都不同，有些甚至大不同，全身紅通通的都是不可觸碰的隱私區，有些只有過去刻板印象中三點不露區是紅色，這時老師就可以請學生分享自己的觀點，為何臉部可以被媽媽觸摸、為何腰部不可以被同學亂摸、為何連手臂都不可以碰到……只要學生能說出自己的理由，都是值得肯定與鼓勵。

分享完後，讓學生了解身體界線會因對象、時間、年齡、性別而有所改變，且每個人的界定都不一樣，沒有所謂的對錯、好壞，只有自己的「感受」是否自在舒服，而這個觀念一定要再重述讓學生知道。

勇敢大聲說 NO

再來就是重頭戲了，當有人越過身體界線，不管是無意或刻意觸碰到時，就要勇於拒絕說「不」，同時堅定表達自己的感受，例如：「你已經碰到我的身體了，我很不舒服。」、「你這樣看我的胸部，我不自在，請你離開。」

若時間空間允許，也可以帶領學生上演狀況劇，透過戲劇表演來勇敢大聲說「NO」，甚至來個全班一起大聲說的練習，就像每次廚工媽媽送餐來時大家會齊聲大說感謝的話，勇敢說「不」也是需要練習的，這樣一旦碰到需要說出口的情況，也才能不懼怕的勇敢表達。

當然了，從另一個角度來看這個議題，大人也要同時教導學生尊重他人的身體界線，尊重他人身體自主權，不隨意觸碰他人身體，當對方清楚表示不可以或拒絕時，就要尊重他人意願。

☻ 延伸練習

用不同顏色的貼紙，或是彩色筆來標出你的「身體紅綠燈」吧。

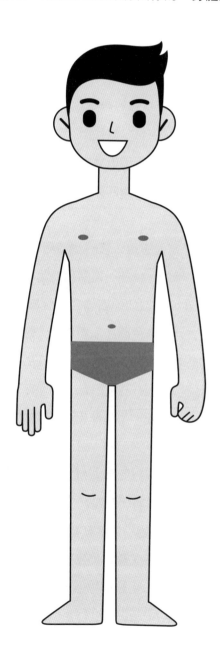

讓彼此更懂對方的心
活用情緒成語

　　人是難懂的動物，心情更是難以捉摸，每個人都有心情好或是情緒盪到谷底的時候，例如考試考得很好或中了樂透，整個人看起來就會眉飛色舞或欣喜若狂，甚至手舞足蹈而驚喜欲狂呢！但如果遇到了生活鳥事或與人發生意見不合而爭執，這時鐵定是咬牙切齒、暴跳如雷，更有可能火冒三丈到怒髮衝冠了！

　　沒錯！人的情緒本來就很複雜，複雜到有時連自己都無法掌握，有開心、快樂、興奮、愉悅的正情緒，當然也有傷心、難過、生氣、憤怒等負面情緒，只是很多人不懂如何表達自我情緒，或是無法精準的表達內在感受，導致與人互動產生問題而影響了人際關係，甚至產生「你為什麼就是不懂我的心呢？」的感慨呀！

　　因此，如果我們都能掌握自己的情緒，透過精準的語詞來表達，讓對方知道自己此刻的心情感受，不但能有效互動與溝通，也能因了解彼此而杜絕誤會。

　　生氣、難過、開心或興奮等語詞當然能確切表達出情緒，若加上成語的運用，就更能貼近情緒本身，例如：「我考了全班最高分真是開心，整個人欣喜若狂到手舞足蹈呢！」這樣適當加入成語，是不是可以更感受到「開心」的程度呢？「下課時同學不小心把我的筆芯盒摔壞了，我很難過，心裡悶悶不樂。」由此可推斷，這筆芯盒對他來說有多寶貝呀！

所以，懂得表達自我情緒是很重要的，如能加上精準的成語來輔助形容，便能更了解彼此當下的心境情緒，也就能進而產生更多的同理心，甚至還能讓人不誤踩地雷區呢。

🔷 密技示範

正負面情緒知多少

情緒可以細分為許多種，多數人樂意將正面情緒與人分享，負面情緒就需要尋求解方或是好點子來排除了。

首先登場的是全班集思廣益外加分享的時刻，所有關於情緒的語詞統統現身吧！快樂、興奮、難過、傷心、嫉妒、開心、憂傷、抓狂、暴怒、尷尬……一個個出現，師生還可以一起把同類情緒再分等級，例如生氣、暴怒、抓狂等都屬於同一類但程度不同，讓孩子彼此討論，了解彼此對「生氣指數」的認定。

有一些情緒語詞是較艱澀且很少出現的，這時候就可以等大家都分享完後，老師再一一拿出來解說。

而有一些情緒也可以藉由情境來讓孩子理解，套用在有感的事件與情境裡，各種情緒才會變得有意義。

情緒各就各位

如果請你將情緒分類，多數的人應該就是正負情緒二分法，要不然就是喜怒哀樂了，其實喜跟樂屬於正面情緒，怒跟悲則毫無疑問是負面情緒。這時就可以再將心智圖派上場了，以情緒為主題，第一層先將

情緒分成正負兩種，接著正面情緒再細分成喜、樂，負面情緒分成怒、哀，為了避免有些不在此四類中，還可以再多一個「其他」」。另外，學生會常出現的「擔心」及「害怕」也可先分成一類掛在負面情緒下。

接著就請學生將剛才一堆情緒各就各位了，在歸位過程中，學生也能再一次了解並掌握各類情緒的差異。

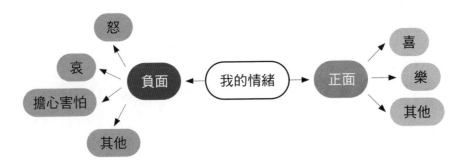

情緒成語加進來

將各種情緒一一就定位後，接著就是成語登場了。除了幾個耳熟能詳的學生可以立刻說出來外，其他的就開放讓大家查字典，只要搜到，就可以立刻上臺將成語加進去心智圖中的分類，過程中老師在旁邊隨時檢視成語歸位的正確性，例如：

【喜】眉飛色舞、喜不自勝、喜出望外、歡欣鼓舞、歡天喜地、欣喜若狂、喜上眉梢。

【怒】暴跳如雷、怒火中燒、怒髮衝冠、勃然大怒、火冒三丈、怒氣衝天、大發雷霆。

【哀】心如刀割、悲痛欲絕、悶悶不樂、柔腸寸斷、痛不欲生、心如死灰、痛心疾首。

【樂】心花怒放、神采飛揚、樂不思蜀、樂可支、開懷大笑、哄堂大笑、捧腹狂笑。

【害怕、擔心】驚魂未定、不寒而慄、心驚膽戰、憂心忡忡、憂心如焚、心亂如麻、驚慌失措、驚心動魄、忐忑不安、提心弔膽。

而有些無法分在這五類中的常見成語，至少可以分得出來是正面或負面，就可以放在其他類，只要加入常用的成語即可。

善用成語來表達

等成語統統加進去後，就可以開始自由發揮了。每個人可挑選自己曾經有過的情緒，從中挑選成語來造句或說故事，會讓語境整個活起來，你也會發現原來成語這麼實用又貼切呀！比如：

前幾天生日我收到以前同學的祝福，簡直喜出望外呀！（有外加手舞足蹈嗎？）

那天同學未經我的同意就拿走我的東西，真的超生氣的，根本可以用火冒三丈來形容了。（別怒髮衝冠就好）

我養了幾年的小狗前幾天生病走了，我難過得有如心如刀割。（悶悶不樂時記得找老師訴說喔）

上社會課時班上搞笑大王說了一句話讓全班哄堂大笑，連老師也捧腹大笑！（希望每天都來一句，讓全班能開懷大笑）

當然，成語無論透過造句或事件呈現，都有誤用的可能，所以重點是讓孩子多練習運用、多分享及聆聽，都能加速成語學習與表達內在感受。

⊚ 學生作品欣賞

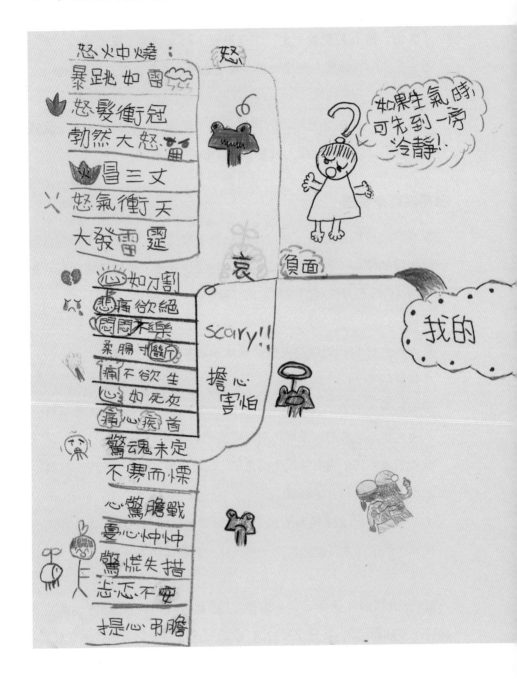

PART ❸

動成語
闖關任務

無論搭配課堂教學或休閒桌遊，

成語活動單都能讓知識變得更有趣，

也讓孩子的學習成果清晰可見。

當然，你也可以將活動單變身「紙上桌遊」，

幾個人拿著幾支筆，

就能來場「動成語大賽」，

動手動腦又能狂動成語。

身體是每個人最親密的夥伴，除了認識它、了解它外，你知道身體也藏著許多成語嗎？現在就是你大顯身手的好機會，把散落在各處且缺了身體器官的成語一一歸位，完成身體成語拼圖吧！

★ 頭部

千鈞一（　　）、改（　　）換面、開山（　　）祖、望（　　）欲穿、洗（　　）恭聽、出（　　）成章、揚（　　）吐氣、（　　）槍舌劍

★ 四肢

妙（　　）回春、畫蛇添（　　）、露出馬（　　）、（　　）桑罵槐、卑躬屈（　　）、失之交（　　）、易如反（　　）、赤手空（　　）

★ 軀幹

引（　　）期盼、（　　）有成竹、（　　）纏萬貫、離鄉（　　）井、懸梁刺（　　）、推心置（　　）、並（　　）作戰、（　　）開肉綻

眼

耳

口

脣

肩

胸

腹

皮

臂

手

掌

指

髮

頭

眉

鼻

頸

背

腰

股

拳

腳

膝

足

掏心掏肺玩成語

身體器官除了外在看得見的以外，當然還有內在看不見的重要器官，它們分屬在各大系統中，各司其職。這些器官一樣藏著許多有趣且常見的成語，請你動動手指，還原成語，並把它們一一歸位吧！

★【呼吸系統】肺 ★【循環系統】心、血 ★【神經系統】腦
★【消化系統】腸、食道、肝、膽 ★【運動系統】骨 ★【生殖系統】卵巢

狼心狗（　　　）、（　　　）不在焉、牽（　　　）掛肚、（　　　）言而肥、
（　　　）血來潮、一針見（　　　）、（　　　）如刀割、滿（　　　）腸肥、
脫胎換（　　　）、以（　　　）擊石、明目張（　　　）、毛（　　　）悚然、
臥薪嘗（　　　）、殺雞取（　　　）、（　　　）氣方剛、（　　　）古不化、
（　　　）腦塗地、（　　　）膽相照、含（　　　）噴人、刻（　　　）銘心、
心驚（　　　）戰、古道熱（　　　）

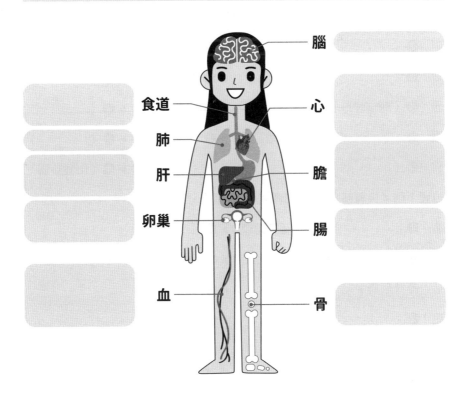

腦

食道

肺

肝

卵巢

血

心

膽

腸

骨

動成語 **3** 器官成語來接龍

　　許多成語中藏著身體器官或部位名稱，有些器官喜歡待在第一個字，有些是永遠的老二哲學，當然也有喜歡最後登場的。請你打開身體成語庫，搜尋這些成語，按照順序來完成接龍吧！

★ 舉例說明

鼻：❶鼻青臉腫 ▶ ❷一鼻子灰 ▶ ❸開山鼻祖 ▶ ❹嗤之以鼻

足：❷捷足先登 ▶ ❸豐衣「足」食 ▶ ❹畫蛇添足

指：❶指鹿為馬 ▶ ❷屈指可數 ▶ ❹首屈一指

★ 器官成語來接龍

位置 1 到 4 都能找到身體器官或部位。

頭：❶（　　　　）▶ ❷（當頭棒喝）▶ ❸（　　　　）▶ ❹（　　　　）

耳：❶（　　　　）▶ ❷（　　　　）▶ ❸（掩人耳目）▶ ❹（　　　　）

口：❶（口若懸河）▶ ❷（　　　　）▶ ❸（　　　　）▶ ❹（　　　　）

手：❶（　　　　）▶ ❷（　　　　）▶ ❸（　　　　）▶ ❹（高抬貴手）

背：❶（　　　　）▶ ❷（　　　　）▶ ❸（離鄉背井）▶ ❹（　　　　）

腳：❶（腳踏實地）▶ ❷（　　　　）▶ ❸（　　　　）▶ ❹（　　　　）

眼：❶（　　　　）▶ ❷（望眼欲穿）▶ ❸（　　　　）▶ ❹（　　　　）

眉：❶（　　　　）▶ ❷（　　　　）▶ ❸（　　　　）▶ ❹（巾幗鬚眉）

位置 1 到 4 只有部分能找到身體器官或部位。

掌：❶（　　　　）▶ ❷（孤掌難鳴）▶ ❹（　　　　）

皮：❶（　　　　）▶ ❷（雞皮鶴髮）▶ ❹（　　　　）

髮：❷（怒髮衝冠）▶ ❸（　　　　）▶ ❹（　　　　）

腹：❷（　　　　）▶ ❸（　　　　）▶ ❹（推心置腹）

動成語 **4** 三國成語來相會

　　沒看過三國，相信也聽過三國的傳奇，或是手遊三國。三國英雄人物何其多，跟著英雄出場的成語更是數不清，現在就來考驗你的歷史素養，把這些擁有歷史典故的成語，帶回到三國傳奇英雄的身邊吧！

> 三國大明星帶出場的歷史典故成語有不少，但有一些成語的主角沒有出現在此表上，如果你知道主角是何許英雄人物，也可以請他登場：
>
> ① 望梅止渴 ② 七步成詩 ③ 愛不釋卷 ④ 周郎顧曲 ⑤ 才高八斗
> ⑥ 樂不思蜀 ⑦ 三顧茅廬 ⑧ 如魚得水 ⑨ 指日可待 ⑩ 瑜亮情節
> ⑪ 不知所云 ⑫ 妄自菲薄 ⑬ 司馬昭之心路人皆知

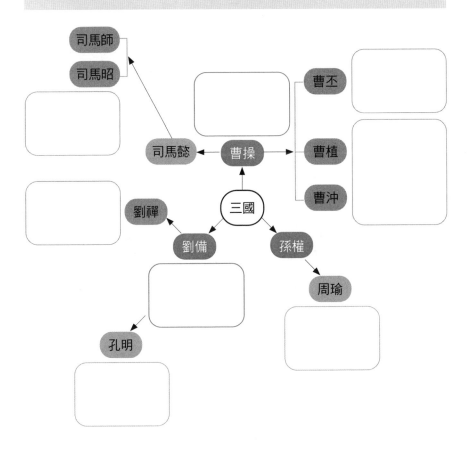

動成語 **5** 集合了！成語運動會

有聽過一場場精采絕倫的運動賽事轉播嗎？跟隨主播狂熱的播報，你會同步學習並更新腦中的運動相關成語。現在就請你當起熱血主播，善用這些成語或四字語詞，播報一場扣人心弦的運動賽事吧！

> ★ 以下就「比賽過程」雙邊選手的得分狀況與表現所呈現的成語，把它用在對的情況。
>
> ①先馳得點 ②遙遙領先 ③一馬當先 ④一鼓作氣 ⑤居於劣勢
> ⑥勝券在握 ⑦平分秋色 ⑧勢如破竹 ⑨勢均力敵 ⑩銳不可當
> ⑪旗鼓相當 ⑫全力以赴 ⑬棋逢對手 ⑭奮起直追 ⑮略遜一籌
> ⑯不相上下 ⑰揮汗如雨 ⑱屏氣凝神 ⑲伯仲之間 ⑳全神貫注
> ㉑不分軒輊 ㉒緊追不捨

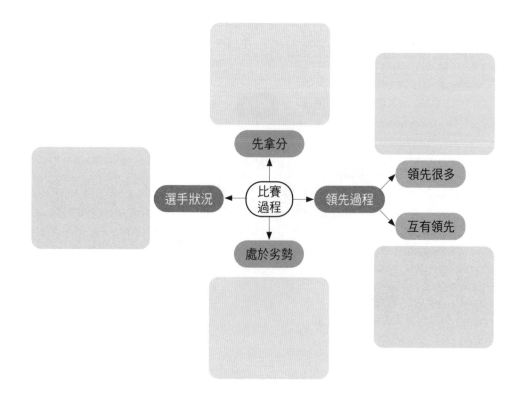

動成語 **6** 情緒指標站

　　人的情緒有很多種，喜怒哀樂是常見，能洞察自我心情並掌握情緒的人，就能讓自己處於更穩定的狀態。下次情緒來時，試著用成語來精準表達當下的心情，讓你周圍的朋友也能都接收、感受到，並做出超完美回應喔！

★ **心情成語在此，情緒來時請務必善加利用，也讓心情有出口。**

① 喜不自勝　② 暴跳如雷　③ 喜出望外　④ 心如刀割　⑤ 心花怒放
⑥ 歡欣鼓舞　⑦ 欣喜若狂　⑧ 捧腹大笑　⑨ 喜上眉梢　⑩ 驚魂未定
⑪ 勃然大怒　⑫ 開懷大笑　⑬ 憂心如焚　⑭ 怒髮衝冠　⑮ 悶悶不樂
⑯ 火冒三丈　⑰ 心驚膽戰　⑱ 怒氣衝天　⑲ 眉飛色舞　⑳ 大發雷霆
㉑ 痛不欲生　㉒ 憂心忡忡　㉓ 悲痛欲絕　㉔ 心亂如麻　㉕ 樂不思蜀
㉖ 痛心疾首　㉗ 驚慌失措　㉘ 樂不可支　㉙ 忐忑不安　㉚ 提心弔膽

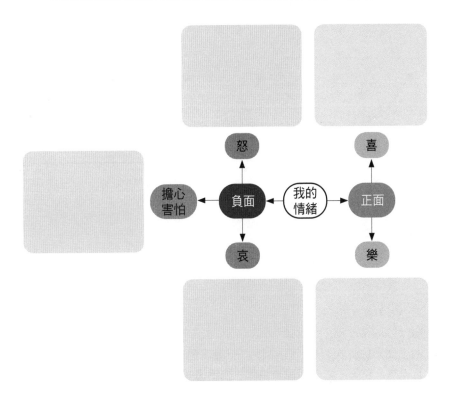

動成語 **7** 數字成語來接龍

　　成語中有許多夾帶著數字，從 1 到 10 都有，繼續往上百、千、萬、億、兆、京等，統統不缺席。現在就請你來個數字成語接龍，從 0 開始一路接到兆，你會發現比撲克牌的接龍更刺激。

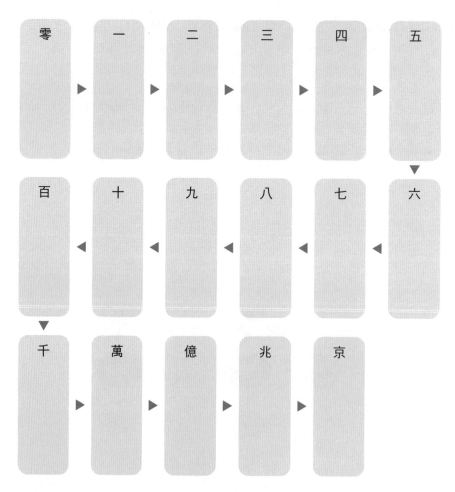

| 零 | ▶ | 一 | ▶ | 二 | ▶ | 三 | ▶ | 四 | ▶ | 五 |

| 百 | ◀ | 十 | ◀ | 九 | ◀ | 八 | ◀ | 七 | ◀ | 六 |

| 千 | ▶ | 萬 | ▶ | 億 | ▶ | 兆 | ▶ | 京 |

★ **同場加映：**
數的單位由小到大依次為：一、十、百、千、萬、億、兆、京、垓、秭、穰、溝、澗、正、載、極等。歡迎玩家來挑戰，找出這些數字成語喔！

動成語 8　連續數字成語大串燒

　　成語中夾帶著數字不稀奇，但一個成語中藏著兩個數字可就厲害了，如果這些數字又是連續數字，例如「一心二用」，那更不得了啦！趕快從數字成語中，把這些不得了的成語請出場吧！

★ **第一關：連續數字成語**

例：一心二用

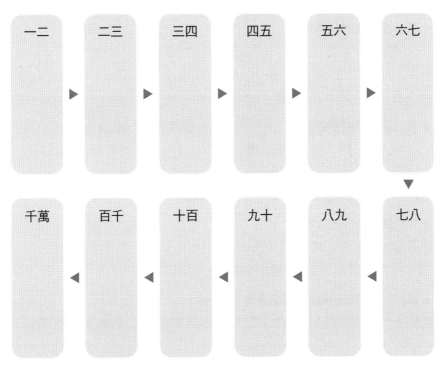

★ **第二關：不連續數字成語**

例：五光十色、三姑六婆、九牛一毛等，請填入正確數字就能完成正確成語。

舉（　　）反（　　）・（　　）花（　　）門・（　　）目（　　）行

（　　）篇（　　）律・（　　）教（　　）流・（　　）令（　　）申

（　　）言（　　）鼎・（　　）呼（　　）諾・（　　）日（　　）秋

動成語 **9**　數字成語密碼戰

　　數學加減乘除四則運算也能用數字成語來計算，這當然也考驗你的數學基本能力，還有成語熟悉度。準備好打開你的大腦，運用成語及四則運算，找出生活中重要的關鍵密碼了嗎？

> **★ 成語數字表示說明：**
>
> 五體投地（5）　數一數二（12）　五光十色（50）　十拿九穩（19）

★ 第一關的關鍵密碼為 （　　　　　　）（ 希望每個人都有好彩頭 ）

（一）馬當先 + 化整為（零）　＝ 曇花（　　）現

不（二）法門 + 名揚（四）海 ＝ 身懷（　　）甲

（十）惡不赦 – 丈（二）金剛　＝ 才高（　　）斗

★ 第二關的關鍵密碼為 （　　　　　　）（要常常對身邊的人說喔！）

（三）令（五）申 ÷（七）竅生煙　＝　　　（　　）體投地

（一）石（二）鳥 ÷（六）親不認　＝　　接（　　）連三

（九）霄雲外 × 感激涕（零）　　＝化整為（　　）

★ 第三關的關鍵密碼為 （　　　　　　）（這是保護專線喔！務必記住）

（五）顏（六）色 –（四）分（五）裂 ＝（　　）心（　　）意

（三）顧茅廬 ×（一）字千金 ＝ 垂涎（　　）尺

★ 第四關的關鍵密碼為：反霸凌專線（1953）

動動腦，請你運用「加減乘除」設計出關鍵密碼為 1953 的數字成語計算題。

動成語 **10** 相反成語對對碰

　　成語世界有許多相似詞，也有許多相反詞，看到一個成語就要趕快搜尋成語庫中的這些兄弟姊妹一起認識，如此一來，整個成語就能任你操控自如，快來把屬於同一家族的成語找回來吧！

★ **把以下成語帶到屬於他們的相似或相反的家族。**
近義成語：生死之交、笑裡藏刀、火冒三丈、良藥苦口、自不量力、滿腹經綸、微乎其微、食指大動、富可敵國、人多嘴雜
反義成語：狐朋狗友、異口同聲、表裡如一、欣喜若狂、盈千累萬、泰山壓卵、胸無點墨、花言巧語、家徒四壁、不屑一顧

刎頸之交	近義		九牛一毛	近義
	反義			反義
腰纏萬貫	近義		垂涎三尺	近義
	反義			反義
口蜜腹劍	近義		七嘴八舌	近義
	反義			反義
忠言逆耳	近義		七竅生煙	近義
	反義			反義
螳臂當車	近義		學富五車	近義
	反義			反義

學習與教育 0243

賴秋江老師的玩轉語文課

作者｜賴秋江
責任編輯｜劉握瑜
編輯協力｜李佩芬、陳瑩慈
作業示範｜吳宇博、胡盛妮、鄭歆聆、孫睿婧
仿畫重製｜陳亮妤、陳沅歆、許瑞玟
　　　　　賴浩哲、劉羽欣、蘇子雲
校對｜魏秋綢、王雅薇
封面設計｜FE 設計
內頁版型設計、編排｜雷雅婷
行銷企劃｜石筱珮

天下雜誌群創辦人｜殷允芃
董事長兼執行長｜何琦瑜
媒體暨產品事業群
總經理｜游玉雪
副總經理｜林彥傑
總監｜李佩芬
行銷總監｜林育菁
版權主任｜何晨瑋、黃微真

出版者｜親子天下股份有限公司
地址｜台北市 104 建國北路一段 96 號 4 樓
電話｜(02)2509-2800　傳真｜(02)2509-2462
網址｜www.parenting.com.tw
讀者服務專線｜(02)2662-0332　週一～週五 09:00~17:30
讀者服務傳真｜(02)2662-6048
客服信箱｜parenting@cw.com.tw
法律顧問｜台英國際商務法律事務所・羅明通律師
製版印刷｜中原造像股份有限公司
總經銷｜大和圖書有限公司　電話｜(02)8990-2588

出版日期｜2023 年 4 月第一版第一次印行
　　　　　2024 年 10 月第一版第三次印行
定價｜360 元
書號｜BKEE 0243P
ISBN｜978-626-305-474-5（平裝）

訂購服務
親子天下 Shopping｜shopping.parenting.com.tw
海外・大量訂購｜parenting@cw.com.tw
書香花園｜台北市建國北路二段 6 巷 11 號
電話｜(02)2506-1635
劃撥帳號｜50331356 親子天下股份有限公司

國家圖書館出版品預行編目 (CIP) 資料

賴秋江老師的玩轉語文課/賴秋江
作--第一版--臺北市：親子天下股
份有限公司 2023.04

208 面；17x23 公分 --
(學習與教育；243)

ISBN 978-626-305-474-5(平裝)

1.CST: 語文教學 2.CST: 遊戲教學
3.CST: 小學教學

523.31　　　　　　　112005295

立即購買 >